T0110050

Printed in the United States
By Bookmasters

تدريس التربية الإسلامية

تخطيط - طرق - تقويم

الأستاذ الدكتور

سعدون محمود الساموك

الجامعة الأردنية- كلية الشريعة

دار وائـــل للنشر

الطبعة الأولى

٢٠٠٥

رقم الايداع لدى دائرة المكتبة الوطنية : (٢٠٠٤/١١/٢٧٥٠)
٢١٠،٧١٣
الساموك ، سعدون
تدريس التربية الإسلامية: : تخطيط، طرق ، تقويم / سعدون الساموك.
- عمان ، دار وائل٢٠٠٥ ،
(٢٠٣) ص
ر.إ. : (٢٠٠٤/١١/٢٧٥٠)
الواصفات: الآداب الإسلامية / أساليب التدريس / التعليم العالي / المناهج / التعلم

* تم إعداد بيانات الفهرسة والتصنيف الأولية من قبل دائرة المكتبة الوطنية

ISBN ٩٩٥٧-١١-٥٩٢-٨ (ردمك)

* تدريس التربية الإسلامية/ تخطيط - طرق - تقويم
* الأستاذ الدكتور سعدون محمود الساموك
* الطبعــة الأولى ٢٠٠٥

دار وائــل للنشر والتوزيع
* الأردن - عمان - شارع الجمعية العلمية الملكية - مبنى الجامعة الاردنية الاستثماري رقم (٢) الطابق الثاني
هـاتف : ٠٠٩٦٢-٦-٥٣٣٨٤١٠ - فاكس : ٠٠٩٦٢-٦-٥٣٣١٦٦١ - ص. ب (١٦١٥ - الجبيهة)
* الأردن - عمـان - وسـط البـلد - مجمـع الفحيص التجـاري- هـاتف: ٠٠٩٦٢-٦-٤٦٢٧٦٢٧
www.darwael.com
E-Mail: Wael@Darwael.Com

تنفيذ وطباعة برجي

+٩٦١٣٣٣٤٦٤٨/٣١٢١٢٤

عمّان : ٩٩٦٨٩٦٥٩٧٢٦٩+

الإهداء

إلى ...

أولادي

تلاميذي "في حقل طرق تدريس التربية الإسلامية"

أهديكم جهدي المتواضع هذا أرجو أن تستفيدوا منه"

المؤلف

محتويات الكتاب

بسم الله الرحمن الرحيم

الحمد لله رب العالمين, والصلاة والسلام على رسوله الأمين محمد وعلى آله وصحبه أجمعين وبعد.

فالتربية الإسلامية بحر من البحور العلمية التي تضفي شرفا على من يمخر في عبابها، لشمولها وعظمتها وتعظيمها لجوانب الحياة فإن نظرت إلى ماضيها ستراها مضيئة مزهوة. قام روادها برعايتها واستخدموا كل طرقها المتاحة، التي اثبتت أن القرآن الكريم وأحاديث الرسول العظيم صلى الله عليه وسلم قد أمرا بتجريب كل الطرق والأساليب التربوية, بدءا بالتلقين والمحاضرة وانتهاء بالتعاون والتفريد والاستقصاء وغيرها.

وإذا جئت إلى الحاضر وجدت لقاءا كبيرا وعدم تقاطع مع المستجدات التربوية, غير أنها لا زالت تتفوق بهدف لم تلتفت إليها التربية الحديثة, وهي تعريف المخلوق بخالقه والوصول إلى رضاه لكسب هدف أسمى من أهداف الحياة الدنيا، ألا وهو الجنة في يوم لا ينفع فيه مال ولا بنون إلا من أتى الله بقلب سليم.

وفي طرق تدريس التربية الإسلامية جملة مبادئ لابد من ذكرها وتسطيرها.

المبدأ الأول: أن الرسول محمد صلى الله عليه وسلم كان معلما لصحابته رضي الله عنهم وهو المعلم لكل المسلمين الأولين والتابعين وتابعي التابعين إلى يوم الدين, لا نقول أنه طلب تعليم الأميين القراءة والكتابة بعد بدر فقط, ولا نقول بأنه الذي كان يطلب من كتبته رضي الله عنهم كتابة القرآن الكريم فحسب, وإنما كان المعلم في كل قول أو فعل أو تقرير, فتبين منها جميعا أنه معلم للأطفال والصبيان والشباب والرجال والشيوخ وكل النساء, علمهم ما لم يكونوا يعلمون, فصار كل فعل يفعلونه

إما فرضا أو سنة, يقتدي المسلمون بما علمهم إياه رسول الله صلى الله عليه وسلم, ولا يفعلون أمرا لم يفعله ولا يرتضيه, فهو القدوة والأسوة الحسنة الذي قال فيه جل وعلا: (لَقَدْ كَانَ لَكُمْ فِي رَسُولِ اللَّهِ أُسْوَةٌ حَسَنَةٌ لِمَنْ كَانَ يَرْجُو اللَّهَ وَالْيَوْمَ الْآخِرَ وَذَكَرَ اللَّهَ كَثِيرًا) [الأحزاب:٢١].

المبدأ الثاني: أن النبي صلى الله عليه وسلم قام بتعليم الناس في أقدس الأماكن, ألا وهو المسجد الشريف, واستمر أمر التدريس في المساجد حتى قامت المدارس, فصارت للمدارس حرمة كحرمة المساجد حتى أصبح ينص عليها في القوانين والدساتير بأنها "حرم آمن" فبين جدرانها تصقل العقول وتهذب النفوس وتبنى الهمم, وتغرس في الأفئدة حب الله ورسوله والعقيدة وحب الوطن.

وهي تسعى لتقوية الابدان بعد العقول, فتقول:

"العقل السليم في الجسم السليم".

وبعد تلك التنمية, تسعى لتنمية المروءة وتنير قلب المتعلم بالخير وتنزع الظلام منه, كما تنزع الشر والذل والخنوع, فتخرج رجالا فيهم العزة والاباء والشمم وتلك أهم أهداف التعليم.

والمعلم لابد في وجوده في المدرسة. إذ لا يمكن أن تقوم المدرسة بدونه حتى لو فتحت الجامعات المفتوحة أو الافتراضية أو غيرها . وحتى لو حل الكمبيوتر في كل زاوية من زوايا الصفوف والمدارس. إلا أن المعلم يبقى ركن المدرسة الأساس في العملية التعليمية فبدونه لا يستقيم أمر التعليم ومهما أوجد العلماء من الأجهزة التعليمية وبرامجها ووسائلها وتقنياتها فلا غنى عن المعلم, فالدور الرائد هو دور المعلم فهو المرشد الناجح الأمين الآخذ بيد تلاميذه إلى طريق الرفعة والعلا والقائد الذي يتقدمهم على طريق مستقيم قويم مستو لا عوج فيه ولا انحناء.

والمدرسة والمعلم لا يستقيم أمرهما إلا بوجود المتعلم الذي هو الركن الأهم في العملية التربوية.

إذ ما قيمة أي أمر دون وجود التلميذ في أية مرحلة . إذ لا يبقى معنى للمدرسة ولا للمعلم دون وجود التلميذ.

والتلميذ المتعلم يلتقي بعشرات المعلمين في مسيرة حياته فهو يتقمص خبراتهم. حيث أن كل معلم منهم لابد أن يعلمه شيئا لا يعرفه, فمن هذا ومن ذاك يجمع المتعلم الخبرات التي تتجمع فيه, فيكون قادرا على خلط تلك الخبرة بما يمارسه في البيت أو في العمل, وهذا الخلط بينهما هو الذي ينعكس عليه وعلى البيت وعلى المنهج التربوي الخاص بالتربية الإسلامية فتحقق فيه الأهداف المرسومة من قبل خبرائها.

لقد كان موضوع الوحدة الأولى هو التربية الإسلامية التي هي تمهيد عام للموضوع. وخصصت الوحدة الثانية لدراسة المنهج ومحاور منهاج التربية الإسلامية ومشكلات المناهج التقليدية وتطلعات الطالب نحو منهاج المستقبل.

أما الوحدة الثالثة فقد خصصتها لموضوع التخطيط العملية التربوية التعليمية /التعلمية فهناك تخطيط عام وتخطيط خاص, وتخطيط سنوي وآخر فصلي ويومي للدرس لابد في التعريف به.

أما العملية التدريسية فكانت موضوع الوحدة الرابعة فعملت فيها مقارنة ما بين التدريس والتعليم مبنيا استراتيجات كل منها وأنماطها ونظرياتها والمفهوم الإسلامي لها للتدريس وكفايات معلم التربية الإسلامية ومعايير اختيار طريقة التدريس.

وخصصت الوحدة الخامسة لطرق التدريس فبنيت مفهومها وطرائقها ونماذج لتدريس النص القرآني والحديث النبوي الشريف والعقيدة الإسلامية والفقه الإسلامي والسيرة النبوية دون الخوض في الأساليب التي تتفرع عن تلك الطرق والانكباب على الطرق التي تؤدي إلى الأساليب.

أما الوحدة السادسة فقد خصصتها لموضوع "التقويم" الذي بينا فيه مفهومه العام وأنواع الاختبارات في التربية الإسلامية.

إن المفردات التي حصرتها في هذا الكتاب تشكل مضمون طرق تدريس التربية الإسلامية بشكل يجمع مفردات تدريس هذه المادة في كثير من الجامعات الأردنية والعربية والإشارة إلى معظم الكتب التي تناولت هذا الموضوع, فقررت أن أحصر الموضوع دون الاطالة فيما لا ينبغي الحديث فيه, وحذفت الكثير مما ينبغي حذفه لتحقيق فوائد طروحات هذه المادة. وبعد أن ذكرت خاتمة للكتاب أعقبتها بالمصطلحات العلمية والنقدية التي استخدمت فيه لتسهيل مشقة البحث عنها على المتعلمين, علما بأنني حاولت الوصول إلى أمهات المصادر التي ذكرتها, عسى ألا اكون قد قصرت في هذا الأمر, والله أسأل أن ينفع فيما كتبت, كلا من المعلم والمتعلم في هذا التخصص.

ومن الله التوفيق

المؤلف

الوحدة الأولى

التربية الإسلامية

مفهوم التربية الإسلامية

أهداف التربية الإسلامية

مصادر التربية الإسلامية

أسس التربية الإسلامية (الأسس الفكرية، الأسس التعبدية، الأسس التشريعية)

خصائص التربية الإسلامية

عزيزي الطالب

سنتعلم في هذه الوحدة مفهوم التربيـة الإسـلامية كتقـديم عـام لموضـوع تدريسـها.. إذ أن التعرف على مفهومها أمر ضروري إذ لا يمكن المرور بكل موضوع مـن موضـوعاتها دون أن يـدرك الطالب شيئا عما تحويه من مفاهيم وآثار تربوية وخاصة في مصادرها الأساسية, القرآن والسنة إذ أن لهما أسلوبهما التربوي الذي أثر في المجتمع الإسلامي الأول والذي تلاه حتى عصرنا الحاضر.

وللتربية الإسلامية خصائص تميزها عن التربيـات الأخـرى. فلابـد مـن دراسـتها لتكـون هـذه الدراسة على بساطتها حصيلة مهمة يمكن بها الانتقال إلى الوحدة التي تليها.

مفهوم التربية الإسلامية

الإسلام ثورة حضارية بما فصل من عقيدة في توحيد وتكوين الوجود, وبما وضع من نظام لحياة الإنسان وحياة المجتمع وبما دعا إليه من أخوة انسانية شاملة, ثورة حضارية بما أدى إليه من وحدة أمـة العرب ثم المسلمين وقيام العرب بأمانة الدعوة باستقبالهم للشعوب التـي استجابت للعقيدة الإسلامية فدخلت الدين الجديد بطواعية واختيار فتأسس حضارة اغنت الإنانسة قرونا طويلة. وهـي لا تـزال قـادرة على الاسهام في اغناء الانسانية وتطويرها رغم كل الظروف القاهرة والعقبات التي توضع أمامها لأن الاسلام ثورة حضارية في مجال العقيدة والفكر, فالاسلام يؤكد على احترام عقل الإنسان ودعوته إلى الاعـتماد عليـه والدعوة إلى تحمل الأمانة والمسؤولية وممارسة الحرية والارادة وتقبل التكليف.

وقد كان في النموذج الإنساني الرفيع لصاحب الرسالة محمد صلى عليه وسلم قدوة حسنة تعلـم على يديها أصحابه المقربون, فصاروا شخصيات عظيمة من بعده وصاروا مثلا لا يضارع في توحيد الأمة وتأسيس الدولة وإنشاء الحضارة. فصار مجتمعهم بفضل الإسلام مجتمعا متعلما, وحركة مستمرة في سبيل تطور التعليم, فكان نظاما شاملا متكاملا في تفاعله مع ظروف الزمان والمكان,. وأهـداف التربيـة الإسلاميـة كفيلة بأن تعكس المبادئ والقيم التي يحويها الإسلام وتقويم مجتمعه الساعي إلى النمو والتقدم والسـلام والرخاء والتربية هي الوسيلة والأسلوب الاجتماعي الذي يكتسب به الأفراد طرائـق الحيـاة وقيـم المجتمـع الذي يعيشون فيه, لأنها أداة رئيسية تعتمد عليها في التعبير عن ارادة التغيير.

والتربية احدى عناصـر التنميـة, لأن جـدوى التنميـة ينبغـي أن يقـاس بمقـدار مـا تسهم بـه, لا في النمـو الاقتصادي (الكمي) فقط.

فالتربية الإسلامية تحتل مكانة مهمة في العملية التربوية من خلال ما تتضمنه من أبعـاد روحيـة وتربوية وعلمية واخلاقية مستنبطة من القرآن الكريم

والسنة النبوية الشريفة وتهدف إلى بناء شخصية متكاملة ومتوازنة. فالتربية الإسلامية علم متكامل في أهدافه ومباحثه فهي تتناول قضايا التعليم ومفاهيم التربية المختلفة في أسسها النظرية ووسائلها العملية في اطار القرآن والسنة وجهود المفكرين المسلمين.

فهي تعد الإنسان منذ طفولته في سبيل انجاز مهمات الإسلام لنيل سعادة الدارين, لذلك فقد انفردت عن سائر النظريات التربوية الأخرى, فهي تجعل للدين القوة الأكثر تأثيرا ودفعا في كيان الطلبة لتظهر مبادؤها على سلوكاتهم وأنماط تعاملهم مع المجتمع. لذلك فإن التربوي المسلم لابد أن يوصل هذه المبادئ إلى تلامذته. ولابد اذن من تدريب المربي المسلم ليكون أهلا لتعليم التربية الإسلامية لتمكينها في الوصول إلى عقل التلميذ ومن ثم إلى سلوكه.

فليس من المقصود في الإسلام في المجال التعليمي, تفهم النصوص وحفظها ودراسة المنهج المقرر فحسب, وإنما إلى جانب ذلك هو عادات تمارس ومهارات تكتسب, تؤدي إلى تنظيم سلوك الفرد وتكوين أخلاقه وفضائله التي ينبغي أن يحرص عليها ويتمسك بها في حياته. فأول الأهداف في تدريس الإسلام. هو تعليم الطلبة بطريقة الممارسة, كيف يسلكون في حياتهم سلوكا دينيا محمودا مع توفير الأمل والطمأنينة لهم, وتخليصهم من المشكلات في حياتهم فهي تربية تعنى بالإنسان في مراحل حياته كلها. فهي نوع من أنواع الحماية الفكرية والروحية والسلوكية, إذ أن لها القدرة على تشكيل السلوك على نحو أفضل. وهي مصنع تربوي يمكن أن يشكل الفرد ويصنعه في ضوء مثل عليا وقيم سامية, وهي تربية تهيئ له فرص النمو المتعدد وتمده بوسائل النضج المتوازن وتشكله على نحو يتلاءم فيها سلوكه مع معتقده وقيمه فضلا عن أنها تزود الأفراد بما يحميهم من الانحراف وتعرفهم طريق الهدى والرشاد عن طريق تحبيب الخصال الحميدة وفعل الخير, إذ هي عملية تفاعل بين الود والبيئة الاجتماعية المحيطة به وهي عملية هادفة, لها أغراضها وأهدافها وغاياتها, وأن المربي الحق هو الله تعالى, وعمل

المربي هو عمل تابع, لأن الوظائف التي ينشدها روحية ونفسية واجتماعية وفكرية, يدعو إلى الإيمان بالله وتقوية ذلك الايمان ومراقبة الله في السر والعلن والمجاهدة بالصبر والشجاعة وتحمل الشدائد والدعوة إلى الصلاح والتقوى والامتثال لأوامر الله تعالى وتجنب ما نهى عنه والحرص على طاعته فتلك وظيفة المربي المسلم.

ومن خلال ذلك نصل إلى أن التربية الإسلامية:

- تقوم على مبدأ الخلق الهادف, أي أن الله تعالى هو الخالق وجميع ما عداه مخلوقات له, فتكون التربية الإسلامية بذلك تربية هادفة مبدأ ميدانها الكون والانسان والحياة.
- تقوم على مبدأ الوحدة في الفطرة إلى العلوم والمعارف جميعا.
- وتقوم على مبدأ التوازن, أي الله خلق كل شيء بقدر وفي توازن العلوم التي يحتاج إليها الفرد والمجتمع والتوازن بين النظرية والواقع والتوازن بين القول والفعل.

أهداف التربية الإسلامية:

إن التربية الإسلامية كما رأينا تربية هادفة, وهي وسيلة للسيطرة على نزعات النفس وميولها وغرائزها, وبناء على ذلك فإن الأهداف العامة للتربية والتعليم من المنظور الإسلامي يكمن في:

١- اعداد الشخصية الإسلامية الواضحة, ويكون وضوحها بالايمان عن طريق الفكر المستنير الواعي, وتوضيح المعاني الإسلامية في حياة الأفراد وايجاد الانسجام التام بين الفكر والسلوك.

٢- تنمية المهارات الأساسية لدى كل فرد, ويتمثل ذلك في تمكين الأفراد من أساسيات التعليم عن طريق القراءة والكتابة وتمكين المتعلمين من نقل

الأفكار عن طريق التعبير الكتابي والشفوي بلغة مفهومه, واتقان المهارات المتنوعة في شؤون الحياة واتباع الأسلوب العقلي لتنمية الاستقلال بالتفكير, بما يساعد على التمييز بين المعلومات الصحيحة وغير الصحيحة.

٣- تحقيق النمو المتكامل للأفراد بأبعاده الروحية والعقلية والجسمية والانفعالية والاجتماعية.

٤- تلبية حاجات المجتمع الآنية والمنتظرة, وذلك بإيجاد برامج متنوعة تتفق مع استعدادات الأفراد وقدراتهم.

٥- تزويد المتعلم بالثقافة الإسلامية لشؤون الحياة.

٦- إتاحة الفرصة أمام الجميع بصورة متكافئة للحصول على نصيب من العلم والثقافة.

٧- تحقيق المطالب الدنيوية والأخروية على حد سواء ومن خلال ذلك يمكن أن تحدد أهداف تدريس التربية الإسلامية في نقاط هي:

أ- تزويد المتعلم بالمعرفة الدينية اللازمة له.

ب-تصحيح ما قد يكون لدى المتعلم من مفاهيم دينية خاطئة.

ج- تعويد المتعلم العادات والمهارات والسلوكات المرغوب فيها.

د- تنمية الوازع الديني لدى المتعلم

هـ- محاربة الأفكار الهادفة الموجهة ضد الدين الإسلامي.

و- محاربة القيم والعواطف غير المرغوب فيها.

ز- اقدار المتعلم على التمييز بين الأصيل والدخيل من العقائد والممارسات الدينية.

ح- اقدار المتعلم على أن يمد يد العون لغيره فيما يتعلق بالمعرفة الدينية.

ي- اشباع حاجة المتعلم إلى المعرفة

ك- دعم أنواع السلوك الطيب لدى المتعلم

ل- اشباع العواطف النبيلة لدى المتعلم

م- تنمية العواطف والقيم المرغوب فيها لدى المتعلم

ن- إعداد المسلم للحياة الأخرى بجانب اعداده للحياة الدنيا.

س- تكوين قاعدة علمية نظرية للعقيدة الإسلامية التي يأتي بها المتعلم إلى المدرسة.

ع- العمل على أن يحفظ المتعلمون قدرا من القرآن الكريم والحديث النبوي بوصفهما أهم أسس التشريع الإسلامي.

أن هذه الأهداف الشاملة (المعرفية والوجدانية والمهارية) لا تعني اقتصار الطالب على دراسة الموضوعات المنهجية التي تتضمن الآيات والأحاديث والعقائد والسيرة والعبادات والمعاملات (الفقه) والأخلاق وإنما هي زيادة على ذلك عبارة عن نمط حياة وسلوك, هي تتحقق بمساهمة فروع التربية الإسلامية وأنشطتها كافة إذ أن من مرامي هذه التربية, تكوين الشخصية المخلصة للعقيدة الإسلامية وللقيم التي نادى بها الإسلام, ويكون الهدف النهائي للتربية الإسلامية هو تحقيق العبودية لله في حياة الإنسان الفردية والاجتماعية.

مصادر التربية الإسلامية:

أن المصادر الرئيسة للتربية الإسلامية هي القرآن الكريم والسنة النبوية الشريفة - كما هو معروف -.

١- **القرآن الكريم:**

فالقرآن الكريم كمصدر أساسي أول للتربية الإسلامية يستدعي أن تتحول آياته إلى سلوك واقعي, لا أن نقرأه فقط أو ندرسه على أساس ترف عقلي أو رياضة فكرية, بمعنى أن التطبيق العملي لما جاء في الآيات القرآنية هو ما تهدف إليه

التربية الإسلامية واستنادا إلى ذلك يكون القرآن هو الذي حفظ الأمة ويحفظ للأمة الإسلامية وحدتها الفكرية والثقافية.

وللقرآن الكريم أسلوبه الرائع ومزاياه الفريدة في تربية المرء على الايمان بوحدانية الله وباليوم الآخر, فهو يفرض الاقناع العقلي مقترنا باثارة العواطف والانفعالات الانسانية, فهو بذلك يربي العقل والعاطفة متمشيا مع نظرة الإنسان في البساطة, وعدم التكلف, يطرق باب العقل مع القلب مباشرة, وأن القرآن يبدأ بالمحسوس المشهود المسلم به, ثم ينتقل إلى استلزام الايمان بوجود الله وعظمته وقدرته وسائر صفات الكمال, مع اتخاذ أسلوب الاستفهام أما للتنبيه وأما للتحبيب مما يثير في النفس الانفعالات الربانية كالخضوع والشكر ومحبة الله والخشوع له.

الأثر التربوي للقرآن الكريم على الرسول صلى الله عليه وسلم:

إن القرآن الكريم كان واضح الأثر على الرسول صلى عليه وسلم بجملة أمور منها:-

١- شهادة الله تعالى بحق النبي صلى الله عليه وسلم بقوله ﴿وَإِنَّكَ لَعَلَى خُلُقٍ عَظِيمٍ﴾ [القلم:٤].

٢- شهادة أم المؤمنين عائشة رضي الله عنها بقولها "كان خلقه القرآن".

٣- شهادة الناس عنه صلى الله عليه وسلم بأنه "كان خلقه القرآن" .

٤- ادعيته صلى الله عليه وسلم والمستمدة من القرآن الكريم.

الأثر التربوي للقرآن الكريم على الصحابة رضي الله عنهم.

لقد ألزم الصحابة أنفسهم القرآن الكريم وتطبيقه وقد أثر عنهم القول "كنا في عهد رسول الله صلى الله عليه وسلم لا نجاوز السورة حتى نحفظها ونعمل بها. فتعلمنا العلم والعمل". وقد وضح أثر القرآن الكريم على اخلاق الصحابة وتصرفاتهم وسلوكهم في جميع مناحي الحياة".

الأثر التربوي للقرآن الكريم على المسلمين كافة:

لقد انشغل المسلمون الأوائل عن الشعر الذي تعلقت به العرب قبل الإسلام, بقراءة القرآن والامتثال بأوامره واجتناب نواهيه, فتخلقوا بأخلاقه وتأدبوا بآدابه وساروا على هديه في كل مناحي الحياة.

الأسلوب التربوي للقرآن الكريم:

ويتلخص أسلوب القرآن الكريم التربوي بجملة أمور منها:

١- استخدم القرآن الكريم العقل اداة للوصول إلى معرفة وجود الله أي اتبع الأدلة العقلية إلى جانب أذكائه للعواطف والانفعالات لأنه يتماشى مع الفطرة الانسانية التي تستخدم العقل والعاطفة.

٢- اتخاذ الأسلوب الذي تتطلبه العواطف في تكرار الانفعالات والحس والوجدان وصوت القلب والضمير فلا يستطيع الانسان أن ينكر ما يحس به ويستجيب له عقله وقلبه.

٣- يبدأ من المحسوس المشاهد المسلم به إلى المجرد غير المحسوس.

٤- اتخاذ مقتضى الحال أسلوبا يستخدم فيه ألفاظا وكلاما يناسبها.

٥- بدأ نزوله بآيات تربوية فيها اشارة إلى أن أهم أهدافه تربية الانسان بأسلوب حضاري فكري عن طريق الاطلاع والقراءة والتعلم والملاحظة العملية, لتكون النفس الإنسانية قابلة للتربية والتزكية والتسامي.

السنة النبوية:

وكذلك فإن السنة النبوية التي هي ما صدر عن النبي صلى الله عليه وسلم من قول أو فعل أو تقرير والتي هي وحي يوحي, فلها مكانتها الثانية في التربية الإسلامية, وقد جاءت لتحقيق هدفين:

الأول: توضيح المعنى للمجمل الذي ورد في بعض الآيات وتفسير بعض المفردات القرآنية مما يساعد على فهم كتاب الله.

الثاني: يتمثل في التطبيق العملي للمبادئ الاسلامية التي جاء بها الوحي. وهذا يعني تحويل المفاهيم المجردة التي يصعب ادراكها إلى واقع ملموس تدرسه الحواس.

لقد كان النبي صلى الله عليه وسلم مربيا ذا أسلوب فذ فهو:

١- كان يراعي حاجات الناس وطبيعتها من الطفولة وحتى الشيخوخة.

٢- يأمر بمخاطبة الناس على قدر عقولهم أي كان يراعي الفروق الفردية بينهم.

٣- كان يراعي المواهب والاستعدادات والطبائع.

٤- كان يتعرف إلى الدوافع الغريزية عند الآخرين فيجود بالمال لمن يجب المال ويتألف قلوب الآخرين ويقرب إليه من كان يحب المكانة, فيدعوهم إلى الله وإلى تطبيق شريعته لتكميل فطرتهم وتهذيب نفوسهم وتوجيه طاقاتهم لتعمل معا لما فيه خير الفرد والمجتمع.

الأهداف التربوية للسنة النبوية:

للسنة النبوية في مجال التربية آثار مهمة هي:

١- ايضاح المنهاج التربوي الاسلامي المتكامل الوارد في القرآن الكريم وبيان التفاصيل التي لم ترد في القرآن الكريم.

٢- استنباط أسلوب تربوي من سيرة القائد صلى الله عليه وسلم وصحبه الكرام رضي الله عنهم. وكذلك في تعامله مع الأولاد الصغار وغرسه الايمان في النفوس.

وهناك مصادر أخرى للتربية الاسلامية إلى جانب المصادر الرئيس وهي:

١- الكون بكل ما فيه من كواكب ونجوم وأشجار وبحار وأنهار وجبال ونبات. وهي غير منعزلة عن التربية الإسلامية لأن ادراك حقيقة وجودها جزء لا يتجزأ من هذه التربية وهي تـدل دلالـة واضحة على وجود الله ووحدانيته. ويعد الإسلام الكون مسخرا للإنسان, والايمان بذلك يبعد عن الاعتقاد عشوائية الأحداث الكونية, حيث أنها مسخرة لخدمة الانسان إذا مـا أحسن التعامـل معها.

٢- الانسان, فيعتبر مصدرا لأنه مفطور على الخير وعنصر الخير أساس موجود في الـنفس الانسـانية تجعل من سلوكه صادرا من منبع صاف خـال مـن العقد والشـوائب, وقد منحـه الله سـبحانه وتعالى العقل وأعلى من شأن أولي الألباب فالعقل هو القوة التي تمكن الانسان من فهم الآيات القرآنية. والأحاديث النبوية ومن دون العقل لا يمكن اكتساب المعرفـة. وإن العقل يعرف الانسان بمطالبه الواقعية بلا تزييف ولا مبالغة فيختلف بذلك عن بقية المخلوقات.

أسس التربية الاسلامية:

والتربية الاسلامية باعتبارها مستمدة من القرآن والسنة فإن أسسها تتمحور في ثلاث أقسام هي:

١- الأسس الفكرية

٢- الأسس التعبدية

٣- الأسس التشريعية

الأسس الفكرية

أن الـدعوة إلى معرفـة الله وقدرتـه ووحدتـه هـي نتـاج التصور الاسلامي عـن الكون والحيـاة والعقيدة والذي يمتاز بوضوح الأفكار التي بني عليها نظام حياة المسلم فاعتنقها ودعا إليها وآمن بها وتابع تذكرها.

يمتاز التصور الاسلامي عن الكون والحيـاة والعقيـدة بمنطقيـة المعتقـدات ومعقولتها وملاءمتها للفطرة العقلية والوجدانية والنفسية.

لقد بني الاسلام تكريم الله الانسان وتفضيله على سائر المخلوقات وبين مهمته في الحياة وقابليته للخير والشر وأنه مميز مختار, إذ جعله قادرا على التمييز بين الخير والشر ووضع عليه المسؤولية لتطبيق الشريعة وتحقيق عبادة الله ثم رتب على التكاليف والفروض جزاء تطبيقها أو مخالفتها.

أما الحياة فينظر الإسلام إليها بأهمية, إذ أن لها دوراً في التربية الاسلامية, فمبدا الحياة أنها دار امتحان واختبار للانسان وأنها متاع قليل يستمتع بها الانسان علـى أن لا تكون غايتـه القصوى فهي دار فناء. وأن عليه أن يفكر ويعمل لآخرته بشرط عـدم اهمال الـدنيا وتركها وألا يحـرم الانسان منها نفسه ولذاته وشهواته المسموحة والتي يتبني عليها هدف أعمار الأرض. أي أنهـا لابد أن تكون دار موازنـة بـين عمل اليوم وعمل الغد.

الأسس التعبدية

تظهر العبادات والنسك الإسلامية اعمالا تعبدية وروحية عميقة الجذور مرتبطة بفطرة الانسان ومعانيها, وانتظمت بممارسات تعبدية يومية كالصلاة وسنوية كالصيام واقتصادية كالزكاة وتوحيدية مع الأمة كلها كالحج والذي يوحدها كلها بنوازع انسانية تؤلف بين جميع أفراد المجتمع, في العبودية لله الواحد القهار والاعتقاد بأمره وحده في الدنيا والآخرة, باقرانها بالنية والطاعة. وامتثال أساليب

العبادة التي دعا لها رسول الله صلى الله عليه وسلم والارتباط بها بعاطفة وثقة وتربية النفس على العزة والكرامة والاعتزاز بالله.

ترتبط هذه العبادات التي تغطيها معاني العقيدة بالجماعة. فالجماعة تنادي برب واحد وتناجيه, وتتشاور فيما بينها لتطبيق ما دعا إليه من التعاون والمساواة والعدل. لتقوم بعد ذاك فضائل اجتماعية ثابتة مطلقة تربي المسلم وتزوده بشحنات متتالية من القوة المستمدة من الله وثقة نفسية مستمدة من الثقة به تعالى. فالتربية الإسلامية المستمدة من كتاب الله وسنة نبيه تمنح الانسان فرصة التوبة وتمحو من جوارح الانسان ما قد يأثم عليه أو يخطئه.

الأسس التشريعية

الايمان بالله تعالى يستدعي الايمان بأن الشرع في القرآن والسنة هو سن التعليم الدينية وبيان العقيدة وللعبادة واصدار الأوامر والنواهي التي تحقق كل ذلك. والايمان بأن كل ذلك خاص بالله وليس لأحد أن يشرك به, فالشريعة الإسلامية من الأسس العظيمة للتربية الإسلامية, إلا أنها تبين العقيدة والعبادة وتنظيم الحياة ومن ثم تحديد العلاقات الانسانية وتنظيمها. والشريعة أساس فكري عظيم يشمل تصورات الإسلام الفكرية عن الكون والحياة والانسان.

والشريعة تدعو إلى قراءة القرآن وتلاوته وتدبر معانيه وفهم أحكامه وتدعو إلى أداء الفرائض والتفقه في الدين, ومما تطلب الشريعة تحقيقه هو تنفيذ الأوامر والنهي عن المنكر واحترام التحريم والتحليل والاباحة والحظر والحدود والعقوبات والقصاص وأساليب البيع والعقود العملية وتضبط الأخلاق ليحكم بها المجتمع, وتصبح مبادؤه أعرافا ومصطلحات اجتماعية وسياسية لتصبح سلوكا سياسيا تسلكه الدولة الإسلامية مع رعاياها وتصبح أسلوبا نفسيا ينبع من داخل النفس, يضبط الخوف والحب لله تعالى وتضبط التناصح الاجتماعي بالحق والصبر والتعاون.

فالأحكام الإسلامية تدعو لاقامة الدين وحفظه وحفظ النفس وحفظ المال وحفظ العقل لأن العقل أساس تطبيق الأحكام بدقة وشمولية وصدق وحفظ النسل والنسب وأحاط الإسلام الانسان طفلا ورجلا بكل حماية وجعل من علاقة الأبوين علاقة مقدسة لا تشوبها شائبة.

فالإيمان بكل ذلك هو أساس العقيدة وبالتالي أساس للتربية الإسلامية المطلوبة فإذا قوي إيمان المسلم بعقيدته صار مصدرا للخير لأن عقيدته ضابط لكل عناصر الإيمان والتصورات والأفكار لذلك شدد القرآن الكريم على العقل, فعناصر الايمان الصحيحة تعتمد البرهان العقلي الصحيح.

وأركان الايمان سلسلة متصلة, ركنها الأول هو الايمان بالله, أي معنى معرفة الله واثبات وجوده ونفي الألوهية عمن سواه فذلك يدعوه إلى الايمان بأن علمه تعالى محيط بكل شيء ورحمته وسعت كل شيء وقوته غلبت كل شيء كاملا منزها عن النقص في حكمته وعدالته, وهو القادر المشرع الحاكم الواهب للحياة المهيء للأسباب المالك لكل قوى النفع أو الضر. وكل شيء محتاج إليه فقير إليه المحاسب والمجازي لكل ما سواه.

وبهذا الايمان تكون عواطف الانسان وتفكيره ونوازعه, قوى متضافرة ترمي إلى تحقيق هدف الخضوع لله وحدة. وتدعوه إلى تربية عقله على سعة النظر وجب الاطلاع على أسرار الكون والطموح إلى معرفة ما وراء الحياة.

كما أن هذا الايمان يربي عند الانسان حب التعاون والتواضع والابتعاد عن كل ما يشرك بعقيدته التي يدعو ركنها الثاني للايمان بالغيبيات التي حدثنا الباري عنها وهي الملائكة التي كان من وظائفها انزال الوحي على نبينا محمد صلى الله عليه وسلم, ثم الايمان بكتب الله تعالى ومنها القرآن الكريم, مصدر تربيتنا الإسلامية الأول, فهو يحتوي على شريعة الله وأوامره وهدية وتكاليفه والايمان بالرسل, لأن الرسول هو القدوة والمربي والمعلم والقائد. وفي حياته أمثلة نقتبس منها أساليبنا العملية للتربية الانسانية ثم الايمان باليوم الآخر, إذ أن الإنسان يريد أن

يعرف ما هي نتيجة الحياة الدنيا والالتزام بالفروض والتقيد بالأوامر والنواهي فإن لم يكن هنالك يوم يجازى فيه المسلم على فعله فإن الحياة سوف تكون ضربا من العبث. وآخر الأركان إيماننا بالقدر خيره وشره. لأن القادر الخالق هو الذي قدر لما سيقع في الكون وفي المجتمع وفي داخل الانسان. وآثار الايمان بالقدر واسعة تؤثر كثيرا في تربية الانسان على التعقل وعدم تعليل الأمور بحسب الهوى والمصلحة.

خصائص التربية الاسلامية:

تمتاز التربية الاسلامية بخصائصها. ومن تلك الخصائص:

١. أنها ربانية المصدر. أي أنها تصور اعتقادي أوحي به من الله تعالى, يطغى الوحي فيها على العقل, وبذلك تتميز عن التربيات الأخرى التي يظهر فيها دور العقل واضحا, أما العقل الانساني في الاسلام فهو أثر من آثار الله, يدخله الهوى ويتفاعل مع مظاهر الحياة.

أما الوحي فإنه نابع من عند الله تعالى, يكون دور الرسول دور المتلقي الواعي والمبلغ الأمين للرسالة الربانية, ويكون دور العقل التصديق بخبر الرسالة, ولما كان العقل محدودا بزمان ومكان, فإن الوحي تصور رباني شامل لا يحده الزمان ولا المكان.

لقد عملت التربية الاسلامية على تلبية الحاجات البشرية ومطالبها فانبثق عنها نظام حياتي متكامل يشتمل على جوانب الحياة المختلفة.

٢. أنها ثابتة, تقوم على مجموعة من الحقائق التي لا يغيرها الزمن والمكان ثابتة في حقائقها المتصلة بالعقيدة والعبادات والنظم والتشريعات وثابتة في أصول القيم والأخلاق التي دعت إليها التربية الإسلامية.

٣. أنها شاملة فهي تمتاز بتصورها الشامل الكامل عن حقيقة الله والكون والحياة والانسان, وقدمت حلولا شاملة للحاجات الانسانية كما قدمت نظما

وتشريعات شاملة أيضا: فمن أمثلته شموليتها أنها عرفت الانسان بحقيقة ذاته تعريفا شاملا, فالانسان مكون من جسم وعقل وروح وجسد وأنها قدمت تشريعات ونظما لتنظيم شؤون الحياة من فكرية وسياسية واجتماعية واقتصادية وعسكرية وقضائية وغيرها.

٤. أنها ايجابية, سواء في مجال العلاقات الانسانية بالله تعالى أو في مجال العلاقات الانسانية ببقية البشر وعلاقة الانسان بالكون والحياة.

ولقد صار الانسان يفعل التربية الاسلامية مكلفا بالعمل فاندفع إلى أخيه الانسان يدعوه للتعاون معا في مجال الخير وايجابية في علاقة الفرد بالكون وفي الأرض التي هو مستخلف فيها وهي مسخرة لخدمته وايجابيته بعلاقة الفطرة الانسانية بالواقع وبالاهتمام بالجانب الجسماني ليجعل لاهتماماته الجسمانية نوازع خيره, وتراعي امكاناته وتحترم العقل وتعتبره مناط التكليف وتدعو إلى تنمية الروح بزيادة الاتصال بالله.

٥. أنها عالمية, فالرسالة الإسلامية ليست لفئة انسانية دون أخرى فقال تعالى: (وَمَا أَرْسَلْنَاكَ إِلَّا كَافَّةً لِلنَّاسِ بَشِيرًا وَنَذِيرًا) [سبأ:٢٨]. ولقد ضمنت الرسالة أن تنتشر ولا تكون لها حدود الدولة الإسلامية فنظم العلاقات الدولية العامة بين دولة الإسلام وغيرها من الدول من خلال التبادل الاقتصادي والثقافي والعسكري والانساني.

أسئلة اختبارية

س: حدد مفاهيم التربية الاسلامية, وكيف تحتل هذه التربية مكانتها التربوية بين التربيات الأخرى؟

س: إلى ماذا يؤدي تفهم النصوص وحفظها ودراسة المنهج التقليدي في التربية الإسلامية؟

س: ما هي المبادئ التي تقوم عليها التربية الاسلامية؟

س: اذكر ثلاثة أهداف للتربية الاسلامية مع الشرح.

س: أذكر بعض أهداف تدريس التربية الإسلامية.

س: القرآن الكريم والسنة النبوية مصدران من مصادر التربية الاسلامية. اشرح ذلك شرحا موجزا.

س: ما هو الأثر التربوي للقرآن الكريم على:-

أ- الرسول صلى الله عليه وسلم ؟

ب- الصحابة رضوان الله عليهم ؟

ج- عامة الناس؟

س: هل للقرآن الكريم اسلوبه التربوي المميز؟ بين ذلك.

س: ما هي أساليب الرسول صلى الله عليه وسلم التربوية؟

س: اذكر هدفين من أهداف السنة النبوية التربوية.

س: عدد مصادر أخرى للتربية الإسلامية مع الشرح.

س: عدد الأسس الفكرية للتربية الإسلامية واشرحها.

س: ماذا يستدعي الايمان بالله؟

س: كيف تغطي العبادات معاني العقيدة والجماعة؟

س: كيف يساعد الايمان على العمل الجماعي؟

س: ما هي أهمية "الربانية" كخصيصه من خصائص التربية الإسلامية؟

س: ما معنى الشمول؟

س: اذكر ثلاث خصائص أخرى للتربية الاسلامية.

الوحدة الثانية

المنـــاهج

مفهوم المنهج التقليدي والمنهج الحديث للتربية الإسلامية

محاور منهاج التربية الإسلامية

تحديد مشكلات المناهج التقليدية في "التربية الإسلامية"

منهاج المستقبل

ملامح التفكير المستقبلي

اشكالات دراسات المستقبل

عزيزي الطالب

في هذه الوحدة سنرى أننا مارسنا منهجا تقليديا في دراستنا وتدريسنا للتربية الإسلامية.
ورغم نجاح أجدادنا فيه ولا زال أساتذتنا ينجحون في اتباعه، الا أن هناك نظريات كانت في
السابق اصبحت اليوم معاصرة تعرف عليها اساتذتنا وشيوخنا في السابق ولكننا بدأنا نتعرف
عليها في الغرب.

فإذا كان الغرب يمارسها وإذا كانت صالحة لتدريس التربية الإسلامية, فلابد من فهمها
وأخذها بنظر الاعتبار.

ثم إن مستقبلنا الآن متأثر بما طرأ على التقنيات الحديثة من تطور وتقدم, فما هي ملامح
المنهاج المستقبلي؟ وذلك ما سوف نراه بين سطور هذه الوحدة.

مفهوم المنهج التقليدي والمنهج الحديث للتربية الإسلامية:

يعني منهج التربية الإسلامية, نظاماً دقيقاً من الحقائق والمعايير والقيم الإلهية الثابتة والمعارف والخبرات الإنسانية المتغيرة النامية التي تهدف إلى إيجاد الشخصية الإسلامية المهتدية التي تعمل في إطار اجتماعي لترقية الحياة وعمارة الأرض وفق منهج الله تعالى[١] ويعني المنهج الحديث مجموع الخبرات التربوية الثقافية والرياضية والاجتماعية والفنية التي تهيئوها المدرسة للتلاميذ داخل المدرسة وخارجها بقصد مساعدتهم على النمو الشامل في جميع النواحي الجسمية والعقلية والاجتماعية والانفعالية, وتعديل سلوكهم طبقا لأهدافها التربوية[٢].

ويرى الدكتور محمد عزت عبد الموجود أن المدرسة تقوم بالإشراف على تلاميذها بغية احتكاكهم وتفاعلهم معها لغرض أحداث تطوير وتعديل في سلوكهم يؤدي إلى نموهم الشامل المتكامل ولغرض تخطيط المناهج ومساعدة الطلبة على بلوغ الثقافات التعليمية إلى أقصى درجة ممكنة[٣].

والمنهج في مفهومه الحديث, خطة مكتوبة معتمدة للتعليم والتعلم, أو الوسيلة التي تستخدمها التربية لتحقيق أهدافها وهو بناء نظامي يتشكل من عناصر ومكونات, له مدخلات وتتم من خلاله عمليات, تنتهي إلى مخرجات تتمثل في المتعلمين الذين تعدهم بمستوى معين لخدمة النفس والمجتمع والتكيف مع واقع الحياة بمستجداتها الحديثة[٤].

يستخدم البعض لفظ (المقرر) بديلا للمنهج. ومعنى ذلك مقدار المعرفة التي يتطلب من المتعلمين تعلمها في كل موضوع دراسي خلال السنة الدراسية.

---

(١) محمد هاشم ريان وآخرون, أساليب تدريس التربية الاسلامية ص /١٠.

(٢) تخطيط المنهج وتطويره, هشام الحسن وشفيق القائدص /١٠-١١.

(٣) أساسيات المنهج وتنظيماته, د. محمد عزت عبد الموجود القاهرة/١٩٧٩ ص /١١.

(٤) تخطيط المنهج وتطويره. د. صالح هندي ذياب وآخرون ص /٥.

والمنهج في التربية هو الوسيلة التربوية التي تحقق الأهداف التربوية لها المخطط لها أو المتوخاة[1].

والمنهج التقليدي للتربية الإسلامية أصبح يعني المقرر الدراسي كما ذكرنا وهذا ما جعلها محدودة الأثر لا تفي بحاجة المجتمع إليها وأصبح برمته يشكل المعلومات والحقائق والأفكار التي يدرسها الطلاب ضمن مواد مؤطرة ومحدودة في التفسير والفقه والحديث والعقيدة يدرسها المتعلم ضمن (المقرر الدراسي) لذلك صار الاهتمام في تصميم المنهج منحصرا فيما يعتبره الكبار مهما بالنسبة للمتعلمين, أي أن ميول المتعلمين وحاجاتهم لم تؤخذ بنظر الاعتبار مما جعل خبراتهم التربوية غير مترابطة خاصة وأن التركيز في التربية الإسلامية التقليدية يأتي على أمور لا يستطيع المتعلم الإفادة منها في حياته العملية لطغيان العموميات التي يتحدث بها المنهج بعيدا عن معالجة الفروق الفردية والميول, وربما يأتي ذلك نتيجة ازدحام المناهج التربوية بمعلومات وموضوعات يصعب استيعابها أو الإلمام بها أو تنسيقها مع مادة التربية الإسلامية. وميل منهج التربية التقليدي إلى الاهتمام بالمادة الدراسية أي أن إتقان المادة اصبح هو الهدف فسبب ذلك انعزالا في بعض الجوانب وأن الميل عند المتعلمين قد تحدد في الحصول على الشهادة بغض النظر عن الفوائد التي تبغيها التربية الإسلامية من تعليم المتعلمين. يسعى منهج التربية الإسلامية إلى أنه لا بد من إخراج المتعلمين من الارتباط بالماضي كليا. وإنما لابد من جعل الماضي أساسا لاصلاح الحاضر وتخطيطا لمنهاج المستقبل. ليكون المجتمع الإسلامي جزءا من المجتمعات المتسابقة في التكنولوجيا والمعلومات التي تعيش وضعا انفجاريا في الوقت الحاضر ويجب أن يصمم منهج للتربية الإسلامية مستهدفاً ما يأتي بالنسبة للمتعلمين:

(١) المصدر السابق ص/١٥.

١) تقديم أحدث المعلومات وفي أحدث صور تجعل المنهج والمتعلم معاصرا.

٢) تهيئة المتعلمين لتحقيق النمو الشامل الكامل المتوازن وتعديل سلوكاتهم وفق مادة التربية الإسلامية المقدمة إليهم.

٣) جعل المتعلم في وضع يختار فيه أنشطته التي تشبع حاجاته ورغباته أي بتحويله إلى الايجابية.

٤) الاهتمام بالفروق الفردية لغرض تحقيق ذلك الاشباع.

٥) مساعدة المتعلمين على الابتكار الذي لا يتعارض مع جوهر العقيدة الاسلامية.

أما بالنسبة للمعلم فلابد من توفير كل الحرية له لاختيار الوسائل والطرق التدريبية التي تنفع المتعلمين وتتلاءم مع طبيعتهم وأن يكون المعلم مرشدا حقيقيا ومقوما لمعلومات المتعلمين والغاء دور التلقين في كثير من الجوانب عن طريق تنمية قدراته التعليمية والتقويم الدائم وترك الحرية للمعلم باستخدام التقنيات التربوية الحديثة لتكون مادة التربية الإسلامية فاعلة ومتأقلمة مع الاتجاهات المعاصرة في التربية, ثم عن طريق سعي المعلم لربط الحياة بالمعرفة وعنايته بالجانب التطبيقي للمعلومات وبالنسبة للمادة الدراسية فيجب أن تكون ملائمة لما يقدم من برامج مختلفة أي أن لا تكون منفصلة بشكل يشعر المتعلمين بأنها مادة زائدة مفروضة عليهم وأن تختار وحداتها لتكون مناسبة لاعمار المتعلمين متصلة بما بعدها واختيار المحتويات التي لها أثر عالمي مهم كالاهتمام بالبيئة والتلوث ومشاكل العنصرية وغير ذلك لتكون التربية الإسلامية آنذاك أداة لتقديم الخبرات لما هو عميق الصلة بمعتقدات المجتمع والحياة العامة ومساعدة الأسرة في تنمية ما يحتاجه المتعلم من خبرات تساعد في تنمية خلق الانسان ليكون مواطنا صالحا [1].

---

(١) مناهج التربية الإسلامية ص ٨٩-٩٣ بتصرف.

محاور منهاج التربية الإسلامية:

في المنهاج أربعة محاور هي:

١) **طبيعة التربية الإسلامية:**

فصفات التربية الاسلامية تلخص في ثبات أصولها وايجابيتها وعالميتها وكونها مثالية وواقعية. وأخيرا فهي تربية فردية وجماعية. لأنها مستمدة من طبيعة الدين الاسلامي. مصدرها الأول القرآن الكريم وثانيها السنة النبوية الشريفة.

٢) **طبيعة المجتمع المسلم:**

ومعرفة طبيعة المجتمع الذي يطبق منهاج التربية الإسلامية من الأسس التي تبنى عليها مناهجها والتي تستدعي خبرة في الخصائص الديمغرافية لذلك المجتمع ومعرفة طبيعة التعليم في ذلك لمعرفة الأفكار التي تخالف الشريعة الاسلامية وتخفيف التوتر بين المنهج القديم والحديث وزيادة قدرة أفراد المجتمع على التطور العلمي والتقني اللذين يشجعهما الاسلام ولا يشكلان تقاطعا مع أهداف المجتمع وكذلك الوقوف بوجه الاتجاهات والقيم التي تعيق التزام الأفراد بتعاليم الشريعة. والوقوف مع الاتجاهات الوطنية. كل ذلك إلى جانب تنمية تحقيق ذات المتعلم الفرد لينعم في ظل التربية الاسلامية بحياة هانئة مثمرة.

٣) **معرفة مطالب النمو الفردي للمتعلمين:**

ويتم ذلك في الاسهام بمساعدته في حل مشاكله واشباع حاجاته واعانته على كشف المشكلات الأخرى لتنمية مهارة تفكيره العلمي وتقديم الحلول الإسلامية الناجعة بدل تلمسها من مصادر أخرى ربما تساعده على الانحراف. تقديم منهج اسلامي يسهم في اشباع متطلبات نموه منهج يشجع المتعلم على الانتباه والتركيز والاستذكار وتقديم الحلول لمشاكل كل مرحلة

من مراحل عمره وخاصة الطفولة والمراهقة ثم تنمية تكوين الشخصية المستقلة للمتعلم وتشجيعه على التعلم الذاتي لتكون التربية الإسلامية مثمرة مدى حياته ومساعدته في التخلص من الصراعات المتمثلة في تهذيب الذات والحاجة إلى التحرر والاستقلال, والصراع المتمثل بطاعة الوالدين والاستقلالية. ثم الصراع بين الحاجات الجنسية وبين الفروض الإسلامية التي تكبتها وتمنعه من اشباعها في سنوات عمره الأولى. ثم الصراع في القيم حيث تكثر المتغيرات الاجتماعية في كل مجتمع. والصراع بين الفقر والغنى, وغير ذلك.

٤) **فهم الاتجاهات التربوية المعاصرة:**

وتحتاج الخبرات التربوية لغرض التوليف بينها وبين التربية الإسلامية. ويتم ذلك عن طريق فهم كميات المعرفة المتزايدة والقدرة على الاختيار الدقيق لما يناسب المجتمع العربي والاسلامي وضرورة اعادة النظر في المناهج التربوية التي باتت تتسم بالجمود أمام التطورات الاجتماعية المتلاحقة وكذلك القدرة على معالجة عدم التجانس ما بين الطلبة وذلك لازدياد اعداد المتعلمين بشكل يوسع في ميولهم وقدراتهم وحاجاتهم[١].

تحديد مشكلات المناهج التقليدية في "التربية الإسلامية":

ويمكن تحديد مشكلات مناهج التربية الإسلامية بما يلي:

١. العمومية في الصياغة

٢. ضعف قياس الدلالة

٣. غموض المحتوى ووجوب توضيحه

(١) مناهج التربية الاسلامية ص ٤٩-٥٥ بتصرف.

٤. عدم النص على المشكلات التي يعاني منها الطلاب"وعرض المشكلات العمومية".

٥. عدم امكانية تحقيق الأهداف السلوكية للفرد نظرا لاهمال سيكولوجية المتعلم, فالمادة مفروضة عليه, وعدم استطاعته اختيار ما يتلاءم مع نموه.

٦. التركيز في التربية الإسلامية على الوحدات الخاصة به (القرآن الكريم, الحديث الشريف, السيرة, الفقه, العقائد). بينما ينبغي أن تركز العملية التربوية على المادة التي تحول تلك المفردات إلى سلوك واقعي عند المتعلم.

٧. تفريغ المادة إلى فروع كثيرة حيث يؤدي ذلك إلى وحدة المعرفة الدينية.

٨. اختيار الموضوعات على مستويات الدراسة لا على أساس خدمة المتعلم.

٩. الاختيار العفوي لتلك الموضوعات فيضيع ذلك الاختيار التركيز على الجوانب النفسية وجوانب النمو, ثم ادخال تلك الموضوعات في غموض غير مناسب.

١٠. إن التغير الذي حصل في منهج التربية الإسلامية، اتجه إلى زيادة أو تخفيض أو استبدال أو حذف موضوعات أخرى وهذا لا يحقق متطلبات التغيرات الاجتماعية أو السيكولوجية.

١١. عدم استفادة معدي المنهاج من تطور النظريات العالمية في السابق وباتت كتب التربية الإسلامية تعاني من نقص في اعداد الكتاب الجيد.

١٢. عدم وجود المختص في تدريس مادة التربية الإسلامية في كثير من الأحيان مما أدى إلى جمود المنهج لأن مدرس التربية الإسلامية بحاجة إلى تفهم التطورات النظرية التربوية ومدى ملاءمتها للتربية الإسلامية. بينما تكون المادة هامشية حين درسها غير المختص.

من خلال ذلك يتبين أن المناهج التقليدية لم تحقق في مجملها الأهداف الموضوعية للتربية الإسلامية ولم تراع متطلبات نمو المتعلم ولا الأسس النفسية أو الاجتماعية. وهذا ما يدعو إلى صياغة جديدة للأهداف التعليمية للتربية الإسلامية بحيث تلبي متطلبات المجتمع وحاجات المتعلمين[1].

منهاج المستقبل:

ولقد أصبح من الضروري الاهتمام بتطوير المناهج الدراسية في ضوء استشراف المستقبل حيث لم يعد الانسان قادرا على الانتظار إلى أن تدهمه الأحداث وتفاجئه الوقائع.

لقد صار منهج الدراسات المستقبلية علما له خصوصياته في الأساليب والطرق بحيث لا يبدأ من فراغ ولا يعتمد على الحدس والتخمين أو البداهة, صار هذا العلم يستخدم النظريات العملية الحديثة التي تربط الماضي بالحاضر والمستقبل ويعتبر فيه المستقبل من أهم المواضيع التي تخطط لها المناهج, إذ أن العالم اليوم تسوده متغيرات كثيرة تجبر الإنسان على رسم صورة تقريبية للمستقبل يكون احتمال الخطأ فيه قليلا ويكون بعيدا عن العمل العشوائي أو العمل الذي لا ضوابط له كالعمل المبني على التثمين, فاستشراف المستقبل من بين أساليب تطوير مناهج الدراسة أو أنه وفق صورة المجتمع التي يستشرفها علماء الدراسات المستقبلية تتطور المناهج الدراسية في مختلف مجالات الدراسة لكي تحققها.

ومن أهم ما يمكن أن تحققه المناهج في هذا الصدد مساعدة المتعلمين على اكتساب مهارات التفكير والقدرة على الابتكار والابداع والمرونة في مواجهة المواقف والمهارة في تفسير الظواهر وفي توقع الأحداث بناء على الاستطلاع العلمي وأهم من هذا كله العناية بترسيخ العقيدة والايمان بالله فقوة الايمان تحمي

(١) مناهج التربية الإسلامية وأساليب تطويرها ص /٤٣-٤٤ بتصرف.

المتعلم من الوقوع في الخطأ لأن استشراف المستقبل لا يكون على حساب الايمان بكشف علم الله بالمغيب وإنما الوصول إلى نتائج توقعية واحتمالية وليست جبرية أو حتمية. نتائج نأتي عن طريق الخبرة المؤهلة[1].

ملامح التفكير المستقبلي:

ويمكن تحديد ملامح التفكير المستقبلي بما يأتي:

١. تحديد تصور إيجابي للمستقبل بحيث يكون مستقبلا مفتوحا للاحتمالات والتوقعات.

٢. إيجاد موقف إرادي من المستقبل.

٣. تبني سلوك عملي مع المستقبل ينطلق من جهد استطلاعي يستقرئ الآثار التراكمية لقرارات اليوم في ضوء القيم والإمكانات القائمة.

٤. موازنة علاقة الانسان مع الزمن , فالتربية المستقبلية تنشد علاقة متوازنة بين الماضي والحاضر والمستقبل.

٥. فهم طبيعة نشأة التطورات والأحداث الجسام في العالم ضمن استخدام أساليب البحث العلمي واستخدام التخطيط الاستراتيجي والادارة الاستراتيجية[2].

اشكالات دراسات المستقبل:

١- أن المستقبل ليس له وجود كشيء مستقل, لذا ألا يمكن دراسته بل من الممكن دراسة أفكار عنه, وقد يعتمد على أفكار الماضي أو الحاضر. لمن ينبغي أن تكون للمدارس درجة من الحرية والمناورة لتجاوز الماضي والحاضر وفقا لارادتنا وخياراتنا, لكن خياراتنا ستبقى محكومة بالواقع الموضوعي.

---

(١) تطوير المناهج التربوية، ص ٢١٨-٢٢٠.

(٢) المصدر السابق، ص ١٧٠-١٧١.

٢- ليس هنالك ثمة مستقبل واحد بل (مستقبلات) وهي تتراوح ما بين المحتمل والممكن والمفضل ومشروطة بظروف وعوامل تاريخية واجتماعية وحضارية, وقيادة التغيير هي الاجتهاد في تحويل محتملات معينة إلى ممكنات سعيا إلى الوصول إلى مفضلات متفق عليها وتحديد المحتمل يحتاج إلى سياسة مستقبلية, وهذه الاشكالية تدعونا للتحرر من بعض السمات التي تدعو لمسار واحد للمستقبل.

٣- إن دراسة المستقبل لا يتسنى أن تصبح متكاملة إلا إذا نظرنا لهذا المستقبل من خلال رؤى مختلف التخصصات وأن تكون المعاينة في أزمان مختلفة[١].

فالدراسات الجادة للمستقبل تتكامل فيها اشكال المعارف والمناهج وهي مجملة بأكثر من تخصص علمي, فلا يمكن للمستقبل التربوي أن ينعزل عن المستقبل السياسي والاقتصادي والثقافي وجميعها لا ينعزل عن مستقبل الحضارة بمفهومها الواسع.

وفي عالم تغشاه المتغيرات المتعددة لم يعد الانسان قادرا على الانتظار إلى أن تدهمه الأحداث وتفاجئه الوقائع لذا بدأت الأمم المتقدمة تستشرف المستقبل وتدرسه وفق تقنيات محددة منها:

١. طريقة العصف الذهني, وهو أسلوب توليد أفكار جديدة عن طريق الاستفادة من مصادر الجماعة بدلا من الاعتماد على أفكار فرد واحد أو عدد قليل من الأفراد ويعتمد على اجراء تلقائي بين عدد من الخبراء على نحو يشجع على التدفق الحر للأفكار والمعلومات والتعرض للقضية المثارة من وجهات نظر متعددة تناقش جميعها دون أي تقويم أو حكم في البداية بحيث لا تعيق أي فرد من المشاركة في المستقبل.

(١) اعداد الطالب لمواجهة القرن الحادي والعشرين ص ٤٨.

٢. طريقة السيناريو, والسيناريو هو تاريخ المستقبل فهو يصف سلسلة ممكنة من الأحداث والوقائع غير المقصودة التي لا يمكن التحكم فيها والوقائع المقصودة والمعتمدة المحتمل وقوعها في المستقبل وفي بناء السيناريو وبعد ترتيب منطقي لتسلسل الأحداث ومحاولة تحديد الروابط القائمة بينها باعتبار أن هذه الأحداث ومحاولة تحديد الروابط القائمة بينها لا تقع منعزلة عن بعضها وإنما ترتبط من خلال عملية ديناميكية.

٣. طريقة دلفي حيث يتم توزيع استبيان مفتوح على عدد من التربويين المتميزين يطلب منهم فيه تحديد عدد من الموضوعات يجب تضمينها منهاج المستقبل. وبعد تحليل الاستجابات وجدولتها يتم ارسال نتائج التحليل كاملة إلى نفس المجموعة التي جرى استطلاع آرائها لتحديد الموضوعات التي يرون ضرورة ادخالها في المنهاج في ضوء ما استقر عنه التحليل مع بيان الأسباب التي دعتهم إلى تغيير أرائهم في المرة الأولى إذا كانوا قد غيروا هذه الآراء, ثم ترسل للمرة الثالثة إلى نفس أفراد العينة ليعبروا عن آرائهم بشكل نهائي. وبعدها يتم تحليل النتائج وتقرير الموضوعات التي سيتضمنها منهاج المستقبل[١].

---

(١) المنهاج مفهومه وتصميمه وتنفيذه ص/٣٧١.

أسئلة اختبارية

س: ما هي ملامح منهاج المستقبل؟

س: ما هو مفهوم المنهاج التقليدي؟

س: قارن بين مفهومي المنهاج التقليدي والمنهاج الحديث.

س: ما هي أهداف مصمم المنهج الحديث للتربية الإسلامية؟

س: عدد محاور منهاج التربية الإسلامية واشرح واحدة منها.

س: كيف تحدد مشكلات مناهج التربية الإسلامية التقليدية؟ وهـل حققت أهـدافها؟ وكيف؟

س: ما هي اشكالات دراسة منهاج المستقبل؟

س: اذكر طريقة العصف الذهني ثم قارنها بطريقة السيناريو.

الوحدة الثالثة

التخطيـــط

- مفهوم التخطيط عند التربويين
- لماذا التخطيط التربوي؟
- مقومات ومبادئ التخطيط التربوي
- التخطيط العام والتخطيط المدرسي
- الأهداف العامة للتخطيط
- التخطيط واستشراف المستقبل
- المراحل العامة لطرق تقدير القيد المدرسي في المستقبل
- التخطيط للتربية الاسلامية
- فوائد التخطيط أو الاعداد اليومي للمعلمين
- أنواع التخطيط
- عناصر الخطة السنوية
- التخطيط قصير الأجل (اليومي أو الأسبوعي).
- مكونات الخطة اليومية
- خطوات التخطيط للحصص اليومية
- نماذج تحضير دروس يومية

عزيزي الطالب

هل تعتقد بأن الدرس يمكن أن يقدم للطلاب بشكله الحـديث والكـفء والجيـد بطريقـة اعتباطية أو بطريقة عفوية تعتمد على صدفة النجاح؟ أم أن التخطيط ضرورة؟

وهل يقتصر التخطيط على الدرس فقط؟ أو أنه لابـد وأن يصـاحب كـل الأعـمال التربويـة والتعليمية واحدة منها؟

سنرى في هذه الوحدة أن للتخطيط فوائد كثيرة سواء في الاعـداد اليومي للمعلمـين أو في التخطيط العام والخاص, وسنرى خطوات التخطيط للحصص اليومية ونماذج في تلـك الـدروس أو الحصص.

التخطيط عند التربويين:

هنالك مجموعة من التعاريف التربوية للتخطيط منها:

١. العملية المتصلة المنتظمة التي تضمن أساليب البحث الاجتماعي ومبادئ وطرق التربية وعلوم الادارة والاقتصاد والمالية وغايتها أن يحصل التلامذة على تعليم كاف ذي أهداف واضحة وعلى مراحل محددة تحديدا تاما وأن يمكن كل فرد من الحصول على فرصة ينمي بها قدراته وأن يسهم اسهاما فعالا بكل ما يستطيع من تقدم البلاد في النواحي الاجتماعية والثقافية والاقتصادية.

٢. التخطيط هو طريقة للوصول إلى مقررات معينة وما يتبعها من أعمال وأنشطة عن طريق استخدام العقل والعلم والخبرة في النظر إلى حاضر المجتمع ومستقبله حتى يصل إلى أقصى ـ النتائج التي تستهدف خير المواطنين.

ويرى الدكتور محمد علي الحاج محمد استخلاصا من التعاريف المسبقة أن مفهوم التخطيط يجب أن يتضمن الخصائص التالية:

أ‌- أنه محاولة واعية لاستشراف المستقبل والتنبؤ باتجاهاته ومما ستكون عليه الأوضاع والتغييرات في المستقبل والاعداد لمواجهتها.

ب‌- أنه أسلوب علمي يتجه إلى تحقيق أهداف محددة بوسائل ونماذج اقتصادية ورياضية واحصائية واتباع السياسات المناسبة.

ج‌- أنه تدبير معتمد وموجه بمجموعة من القرارات والاجراءات الكفيلة بتحقيق الأهداف ويستند إلى ممارسة دقيقة لرسم الاتجاه الذي تسير فيه مختلف ألوان النشاط تحددها غايات المجتمع الرئيسة.

د‌- أنه عملية اختيار البديل الأمثل بما يسمح بانعدام التناقض بين الأهداف وبين الوسائل وبينها معا.

هـ- أنه يقوم بتعبئة الموارد الطبيعية والبشرية والفنية واستخدامها بصورة مثمرة لاحداث أقصى نمو ممكن وفي ضوء معايير الكفاية والفاعلية.

و- أنه يتسم بالواقعية والشمول والتنسيق والمرونة والاستمرارية ويتنبأ بردود الافعال ويتخذ الاجراءات الكفيلة لوضع بدائل واضحة قابلة للتنفيذ.

ز- أن يسير في الاتجاه المحدد سلفا ووفقا لجدول زمني مقدر ومتضمنا لحظة متكاملة للمتابعة المستمرة والتقويم الدائم, وعندما نشير إلى النوع الأمثل للتخطيط وما يجب أن يتضمنه فبتقديرنا هو النوع الأكثر حاجة وطلبا لأحداث تحولات جذرية وسرية لأوضاع بلدان العالم الثالث المختلفة التي لا ينفع معها إلا ذلك المقسم بالشمول والدينامية[1].

لماذا التخطيط التربوي:

هنالك مبررات حتمية منها:

١. حاجة التخطيط الاقتصادي للتخطيط التربوي, فالتخطيط الاقتصادي لا يكون صحيحا ولا مثمرا إلا إذا رافقه وداخله تخطيط للتربية كي يلبي حاجة الاقتصاد من العنصر البشري وقيادة التغيير.

٢. الزيادة السكانية أو ما ارتبط بها من تزايد الطلب على التعليم بأنواعه المختلفة باعتباره مجالا لأحداث التحولات الجديدة وتحقيق التنمية والتقدم.

٣. الاعتراف بالتربية بأنها حاجة أساسية للانسان لتفتح قدرات الانسان وامكاناته وتحسين حياته والتكيف مع التغييرات العميقة في المجتمع المعاصر.

٤. ضرورة مجاراة التربية للتقدم العلمي والتقني.

٥. التكامل بين أنواع التعليم وبين الحلول التي ينبغي أن تقدم لها.

٦. ايجاد التوازن بين مراحل التعليم المختلفة

---

(١) التخطيط التربوي, اطار لمدخل تنموي شامل ص ١٣١/١٣٢.

٧. رفع الكفاية التعليمية إلى أقصى حد ممكن[١].

مقومات ومبادئ التخطيط التربوي:

للتخطيط التربوي مقوماته ومبادؤه التي يقوم عليها وهي:

١. الواقعية: وهي تناسب الامكانات المتاحة والممكنة مع الآمال التي تسعى لتحقيقها فتوضع أهداف التخطيط واستراتيجات التنفيذ في ضوء الامكانيات المادية والبشرية.

٢. الشمول: بأن تكون للخطة السيطرة والتوجيه على كافة الموارد المتاحة لضمان تحقيق التناسق والتكامل بين القرارات والسياسات التخطيطية مما يكفل النمو المتوازن.

٣. المرونة: فيجب أن تكون الخطة قابلة للتعديل وتصحيح الخطأ كلما دعت الظروف الطارئة والاحتمالات التي قد تظهر أثناء التنفيذ.

٤. الاستمرارية: بأن يكون التخطيط سلسلة مترابطة من العمليات المتداخلة التي لا تنقطع أي أن يكون التخطيط دورة تتكامل البدايات فيها مع النهايات.

٥. الالزام: ولذلك لترجمة الخطة إلى اجراءات عملية تمارس بالفعل وضمان تنفيذها وفقا للجدول الزمني المحدد سلفا.

٦. التنسيق: بين الأهداف التي ترمي الخطة إلى تحقيقها أو بين الوسائل والاستراتيجيات اللازمة لتنفيذها وبين الأهداف والوسائل المستخدمة لتحقيها ومدى تفاعل اجزائها مع بعضهم البعض.

٧. سهولة التنفيذ والمتابعة: ينبغي أن تكون الخطة سهلة التنفيذ.

(١) المصدر نفسه ص ١٤٧-١٤٨ بتصرف.

ولا ينتهي التخطيط بمجرد وضع الخطة وتنفيذها بل يمتد إلى المتابعة الدائمة والتقويم المستمرين وتتم المتابعة بملاحظة التنفيذ وتحديد خطواته ودرجة نجاحه أو انحرافه عن الخطة المحددة حتى يمكن تلافي حدوث أي انحراف ونتعرف على مشكلات التنفيذ[١].

التخطيط العام والتخطيط الدرسي:

مفهوم التخطيط: هو مجموعة التدابير المحددة التي تتخذ من أجل بلوغ هدف معين.

التخطيط الدرسي: هو عملية تصور مسبق للموقف التعليمي الذي يهيئه المعلم لمساعدة المتعلمين على بلوغ (اتقان) مجموعة من الأهداف المحددة سابقا بحيث ينظر المعلم إلى الخطة على أنها نظام متكامل يتألف من مدخلات وعمليات ومخرجات وتغذية راجعة, وتتضمن الخطة الدراسية الجيدة تصورا لعملية التعليم وما تنطوي عليه من المتطلبات الأساسية للتعلم الجيد والنشاطات التي ينتظر من الطلبة أن يمارسوها والمواد والأدوات والأجهزة اللازمة وطرائق وأساليب التدريس واستراتيجياته التي يستعان بها والوقت التقريبي اللازم لاتمام العملية (أي تتضمن الخطة الجيدة تصورا للمعلومات الافتراضية والشرطية الجرائية)[٢].

والتخطيط للدرس يمثل منهجا وأسلوبا وطريقة منظمة للعمل, كما أنه عملية عقلية منظمة هادفة تؤدي إلى بلوغ الأهداف المرسومة بفعالية واقتدار والتخطيط هو أحد المكونات الهامة لعملية التدريس والذي يتم تنفيذه عادة قبل مواجهة الطلبة.

ويمثل التخطيط الرؤية الواعية الشاملة لجميع عناصر وأبعاد العملية التعليمية وما يقوم بين هذه العناصر من علاقات متداخلة ومتبادلة وتنظيم هذه العناصر مع بعضها يؤدي إلى تحقيق الأهداف المنشودة لهذه العملية المتمثلة في تنمية المتعلم فكريا وجسميا ووجدانيا.

---

(١) المصدر السابق ص/١٥٦-١٦٦ (بتصرف).

(٢) مهارات التدريس الصفي ص ٥١-٥٢.

وتعد عملية اعداد الدروس والتخطيط لها عملية سابقة لعملية التدريس يقوم فيها المعلم بتوضيح كيفية تنفيذ الدرس مع تلاميذه ويتضمن التخطيط وصفا شاملا لكل العمليات التي سوف يقوم بها المعلم داخل الصف، وغاية التخطيط أن يحصل التلميذ على تعليم كاف ذي أهداف واضحة وعلى مراحل محددة تحديدا تاما وأن يشمل جميع أبعاد عناصر العملية التربوية المتمثلة بالتلميذ والمعلم وعملية التعليم والمنهج[1] والتقويم.

الأهداف العامة للتخطيط:

١. بالنسبة للمواد العلمية، فإن هنالك مفردات كثيرة لابد من تنظيم العلاقة فيما بينها وعملية التخطيط تهدف إلى تنظيم تلك العلاقات.

٢. للعملية التعليمية / التعلمية أهداف يساعد التخطيط في تحقيقها. وتساعد المعلم على اختيار الوسائل التي تفيده في تنفيذ الدرس. كما أنها تساعد المتعلم في هدف اكسابه الخبرات والمهارات المطلوبة.

٣. للتخطيط دوره في معرفة دور كل من المعلم والمتعلم وكيفية انجازه لذلك الدور كذلك، فإن هذا الدور يحدد خط عمل كل من أطراف العملية التعليمية / التعلمية فيكون خطة واضحا إذا ما تم التخطيط.

٤. إن اهمال التخطيط يؤدي إلى تفكك العلاقة بين المعلم والمتعلم ويضعف الهدف الذي يرسم للمادة التعليمية، لأن التعليم دون خطة يهمل التنظيم ويفقده التسلسل في تقديم المفردات الضرورية التي يجب أن تربطها علاقات واضحة. وكثيرا ما يتسبب عدم التخطيط للدرس في فقدان احترام المعلم من قبل المتعلمين ويزيد من المشاكل بينهما.

(١) طرق التدريس العامة ومهارات تنفيذ وتخطيط عملية التدريس ص/٢١.

٥. أن هنالك مادة دراسية تصاحبها نشاطات تعليمية. فيكون لابد من وجود أولويات في العرض الدراسي. وعـدم وجـود الخطـة يفقـد المعلـم معرفـة الأولويـات التـي تتصورهـا العمليـة التعليمية/التعلمية ويجعل من الأهداف غير واضحة في الأنشطة المصاحبة للدرس سواء أكانـت صفية أم بيتية.

٦. أن المنهج يراد له التنفيذ، وأن عدم التخطيط يعرقل تنفيذ المنهج بصورة دقيقة وقد يساعد على التقليل من شأنه وإفقاده الكثير من اهدافه التي تحقق بموجب التخطيط الواضح.

٧. توظيف الأهداف المذكورة في التربية الإسلامية.

التخطيط واستشراف المستقبل:

التخطيط محاولة واعية لاستشراف المستقبل, والتنبؤ باتجاهاته وبما سـتكون عليـه الأوضاع والتغييرات في المستقبل والاعداد لمواجهتها[١].

أما مواجهة التحديات المتوقعة والتغييرات التي يخبؤها المستقبـل في ميدان التربيـة وغيره مـن الميادين العملية والبحثية أو في النظام الاجتماعي فقد تأكد أن التطلع إلى المستقبل ومحاولة تشكيله لمـن يتأتى إلا بتخطيط قادر على قراءة المستقبل والنمو[٢] ولما كان التخطيط عبارة عـن تحضير ذهنـي لمسـار عمل في الواقع لما يمكن أن يتم في المستقبل وهذا المستقبل يخفي أمـورا لا يمكـن رؤيتها الآن. فيجب أن تكـون الخطة قابلة للتعديل وتصحيح الخطأ كلما دعت الضرورة لذلك لمواجهـة الظروف والاحتمالات التـي قـد تظهر أثناء التنفيذ[٣].

أما أساليب التنبؤ فتنقسم إلى قسمين:

---

(١) التخطيط التربوي اطار لمدخل تنموي شاكل ص/١٢١.

(٢) المصدر السابق نفس ص ١٤٩/.

(٣) المصدر نفسه ص/٦٥٨.

الأول: الأساليب النوعية ومن بينها أسلوب دلفي السيناريو, التنبؤ والأساليب النوعية.

الثاني: الخيالي, تحليل السلاسل الزمنية واسقاطات الاتجاه وغيرها[1].

المراحل العامة لطرق تقدير القيد المدرسي في المستقبل:

هناك خطوات تفصيلية دقيقة خاصة لكل واحد من طريقتي تقدير القيد المدرسي في المستقبل, وتعتبر أي منها(الخطوات) بمثابة مواصفات خاصة لعملية التطبيق والتنفيذ غير أن هناك خطوات عامة أيا كانت الطريقة المستخدمة فيها وذلك على النحو التالي:

١. مرحلة جمع واعداد المعلومات الأساسية وتتضمن جمع أربعة أنواع من المعلومات الأساسية يحتوي النوع الأول بيانات خاصة عن الحجم المتوقع للسكان في السن المدرسي في الفترة الزمنية المراد اجراء التقدير المستقبلي لها, حسب العمر والمناطق, الخ, وإذا لم توجد هذه التقديرات المستقبلية يجب اعدادها بحسب الطرق المعمول بها.

٢. وضع مجموعة من الافتراضات الخاصة بالاتجاهات المستقبلية للقيد الدراسي ومعدلاته ونسب تدفق الأفواج شاملة لفصول التعليم وموزعة على أنواع التعليم ومؤسساته ومناطق البلاد وكلما أتت هذه الأرقام مبنية على أساس سليم فمن الممكن اجراء الاسقاطات بعدد أكبر من الأمان والاقتراب من الواقع المحتمل حدوثه بالنسبة للقيد المستقبلي.

٣. تحليل جمع البيانات والمعلومات التي يتم الحصول عليها لاستنباط الخصائص والأبحاث الرئيسة لعمل تقديرات عن القيد المدرسي في المستقبل منها اجمالي القيد

---

(١) كذلك ص/٢٠٢.

المدرسي في المستقبل منها اجمالي القيد المدرسي ونموه وتوزيعه حسب مستوى التعليم ونوع الدراسة ثم حساب النسب، مستوى التعليم ونوع الدراسة ثم حساب النسب الدائمة مثل نسب التقدم بالصف الدراسي- الرسوب, التسرب الخ, نسبة الداخلين إلى الخارجين.

٤. عمل تقديرات عن القيد المدرسي في المستقبل وذلك لعمل بعض التقديرات المبدئية وذلك لتكوين فكرة عن النسق العام لحجم القيد, وإذا ما كانت النتائج المتحصلة مطمئنة ومقنعة فيمكن الاستمرار في عمل حسابات أكثر دقة وتنقيحا وبالعكس إذا كانت النتائج المتوصل إليها غير دقيقة فيمكن اجراء التعديلات الضرورية, وهكذا حتى تحصل على التقديرات القريبة من الواقع.

٥. اختبار التقديرات, وذلك بوضع البيانات المشاهدة للسنوات الماضية جنبا إلى جنب مع البيانات التقديرية للسنوات المستقبلية وأرقام القيد لمختلف سنوات التعليم, جميع العناصر الداخلة في عمل التقديرات. وبهذه الطريقة يمكن أن نقتنع بتناسق البيانات ومفعولية الفروض ودقة الحسابات[1].

وفي مراحل الخريطة التعليمية فإن الاسقاطات والتنبؤ المستقبلي باعداد السكان في سن التعليم الأولى, ثم المراحل التي تليه حسب العمر والنوع في سلسلة زمنية معينة في كل منطقة لتحديد الأعداد المتوقعة التي ستلحق بالتعليم ومعدلات الاستيعاب واسقاط معدلات التدفق للوقوف على قدرة النظام التعليمي على الاحتفاظ والانتقال بها من صف إلى صف آخر ومن مرحلة لأخرى وهنا يمكن عمل تقديرات للقوى العاملة المحتمل تواجدها في التعليم من معلمين وموظفي إلى آخر ذلك ثم اجراء تقديرات للموارد المالية المحتمل توافرها مع بيان مصادرها سواء

---

(١) التخطيط التربوي اطار لمدخل تنموي جديد ص ٢٠٥/٢٠٦-.

على المستوى المحلي أو المركزي ومدى وفائها بالاحتياجات التربوية والمقترح اضافتها[1].

التخطيط للتربية الاسلامية:

إن التطورات التي شهدها هذا العالم تدعو للتغيير والتطوير. والتخطيط هو الخطوة الأولى نحو التطور.

وأن التربية في العالمين العربي والإسلامي تسير منذ سنوات في ظلال التربية الغربية التي قطعت شوطا كبيرا في العلم والمعرفة التقنية والمعلوماتية وخاصة في أمريكا وأوروبا. ولضرورات الانتاج ووسائل الاتصال وصلتنا نتاجات الثقافة الغربية فغزتنا بسهولة ويسر. أخذنا بها دون ادراك المخاطر التي أعقبت إهمال التربية الإسلامية، لأن الجيل الجديد بدأ ينمو بعيدا عن الروحانية وذلك ما دعا القلوب تقسو والسلوك ينحرف والأخلاق تنهار. وقد غرز التلفزيون الأمريكي والأوروبي حب الجريمة والرذيلة والميوعة والتمرد. وأخلاقهما تصل إلينا وتعرض في أجهزتنا المرئية كل يوم وانتقل إلى نفوس البعض منا عدوى التقليد الأعمى حتى في الجريمة، نتيجة ترويج الأفلام والمسلسلات وسهولة الاتصال وسرعته. لذلك، فإن من دواعي التخطيط للتربية الإسلامية ما يأتي:

١. حماية الاجيال العربية والاسلامية الناشئة بعد تحصين الأسرة بالقيم الاسلامية.

٢. احياء القيم الدينية وتدعيم قيمها في المجتمع الإسلامي كالصدق والأمانة والاخلاص واللطف وحب الخير.

٣. ربط الأمة العربية والإسلامية بماضيها وعدم الانكباب على الحاضر المرتبط بالغرب دون شرط.

(١) المصدر نفسه ص/٢١٠.

٤. أخذ ما يتناسب وثقافتنا من أفكار الآخرين. أي عدم محاربة الأفكار الأخرى أو غلق الأبواب دونها ولكن لابد لنا من اختيار ما يتناسب منها معنا وهذا لا يتم إلا عن طريق التخطيط والدراسة.

٥. زرع الثقة بالناشئة وتزويدهم بالطاقة الروحية التي تصقل شخصياتهم.

٦. العمل على تصميم وانتاج برامج تلفزيونية وغيرها مما يتعلق وعقيدة المجتمع العربي الإسلامي وفلسفتنا الدينية والتربوية وقيمتنا الحضارية التي تتمتع بقابلية الاستمرار والشمول والتوازن.

٧. إعطاء دور القدوة الحسنة في تعليم الناشئة عن طريق استحضار الشخصيات الإسلامية وباطلالة واعية على تاريخ الاسلام المجيد.

٨. مواكبة روح العصر وعدم الانقطاع عنه واستخدام كل أساليب المعرفة في كل مناهج التربية الإسلامية لتكون سهلة في الدراسة وتزداد ثقة شبابنا وميلهم إلى التربية الإسلامية.

٩. الدور الفاعل للقرآن الكريم والحديث الشريف واللغة العربية في التربية الإسلامية وحياة الأمة(١).

فوائد التخطيط أو الاعداد اليومي للمعلمين:-

١. أن التحضير اليومي يزيد من ثقة المعلم بنفسه فإذا ما دخل إلى فصله وألم بموضوع درسه وأفكاره وعرف وسائله وحدد طريقة تدريسه وكذلك أهدافه السلوكية وسجل أسئلته الصفية شعر بالثقة وذلك فإنه لا يخشى مناقشة طلابه ويبدأ درسه بكل قوة وحماس ونشاط.

٢. الاعداد يساعد المعلم في استخراج أفكار درسه وتربيتها ترتيبا سليما.

(١) أساليب تدريس التربية الإسلامية ص /١٠٩-١١٠ (بتصرف).

٣. الاعداد يساعد المعلم على معرفة خطوات الدرس والزمن الذي يوزع الحصة لتنجح في درسه.

٤. يساعد الاعداد على إدارة المعلم لصفه.

٥. يساعد الاعداد على تحديد الأفكار الغامضة والأفكار الصعبة والأفكار السهلة فيستطيع بالتخطيط أن يعطي الأهمية للأفكار الهامة.

٦. يساعد الاعداد على تحديد المدرس لأهدافه السلوكية- المعرفية والوجدانية والمهارية - التي سوف يحققها في طلابه.

٧. ويساعد الاعداد في قدرات المعلم على تنويع أساليبه التعليمية داخل الحصة.

٨. يساعد الاعداد المعلم على اكتشاف نواحي الضعف في المنهج ويحاول أن يتلافاها من خلال مقدرته وكفاءته التعليمية.

٩. يساعد الاعداد في استخدام المعلم للمراجع العامة المختلفة الخارجية للاستزادة من المعرفة.

١٠. يساعد الاعداد في كشف خصائص وميول وحاجات تلاميذه وتمكينه من حسن التعامل معهم على هذا الأساس.

١١. يساعد التحضير المعلم في التعديل او الاضافة أو الابتكار لرفع مستواه العلمي.

١٢. يساعد التحضير في تعريف المعلم بكيفية استعمال كافة الوسائل التعليمية المتاحة بجودة وحكمة.

١٣. يساعد التحضير في تحديد خطوات الدرس كالتمهيد والعرض والحوار وطريقة الربط والأسئلة والأساليب والتقويم واعداد الواجب البيتي. وبهذا يزيد المعلم من مهاراته الناجحة.

١٤. يساعد التحضير في تهيأة المعلم على طرح الأسئلة من التلاميذ والاستعداد للاجابة عليها[1].

أنواع التخطيط:

هنالك نوعان من الخطط التعليمية:

الأولى: طويلة المدى كالتخطيط السنوي والتخطيط الفصلي.

الثانية: قصير المدى كتخطيط الوحدات الدراسية وتخطيط الحصص اليومية.

الخطة السنوية:

قبل بدء العام الدراسي يقوم المعلم باعداد الخطة العامة لتدريس التربية الإسلامية في الصـف أو الصفوف المكلف بتدريسها على مدار السنة أو الفصل الدراسي.

يقوم المعلم بما يلي:-

١. أن يقسم المحتوى على أشهر السنة الدراسية.

٢. أن يحدد الأهداف من تدريس هذه المادة.

٣. أن يحدد المحتويات في ضوء هذه الأهداف.

٤. أن ينظم المادة في وحدات آخذا بنظر الاعتبار المشـكلات الهامـة أو مشكلات المجتمـع أو غـير ذلك.

٥. أن يحدد الوقت اللازم لكل وحدة. وبما يتلاءم مع الأهداف الموضوعة لها.

٦. أن يحدد الاستراتيجيات التدريسية والأنشطة والوسائل التعليمية.

٧. أن يحدد أساليب التقويم.

---

(١) أساسيات التدريس ومهاراته وطرقه العامة ص ٦٧-٦٨/.

٨. وليس مشروطا أن يكون المعلم وحده من يقوم بعملية التخطيط هـذه وإنمـا قـد يشـترك فيهـا أكثر من معلم في اختصاص التربية الإسلامية في المراحل التعليمية التي يدرسون فيها.

٩. ألا تكون هذه الخطة جامدة, بل تكون في اطار منهجي يحمـي التربيـة الإسلامية مـن التخبط والعشوائية.

١٠. أن يحقق التخطيط فوائد عديدة لكل من العملية التدريسية والمعلم والمتعلمين.

١١. وعند التخطيط يجب النظر إلى تدريس التربية الإسلامية نظرة شاملة وواضحة يوازن المخططون بـين الجوانـب المختلفـة التـي يتخذها المـنهج ويتعرفون عـلى القيـم والأوزان النسـبية لهـذه الجوانب ومـدى مناسبة تدريسـها لتعـين المـدرس في اختيـار الأسـاليب التعليميـة والتقويميـة والمناشط لتحقيق أهدافه في ضوء الزمن المقرر لها(١).

عناصر الخطة السنوية:

١. تحديد الأهداف العامة للمادة الدراسية بالاعتماد عـلى المادة التعليميـة وأهداف المـنهج وطبيعة المتعلمين ومستوياتهم واهتماماتهم ومصادر التعليم المتاحة.

٢. تحديد محتوى المادة الدراسية التي تحقق كـل هـدف مـن الأهداف العامـة السـابقة وذلـك بتحديد الموضوعات والوحدات.

٣. وضع جدول زمني لتدريس الوحدات التي يتضمنها المقرر مع أخذ النظر في مـدى مسـاهمة تلك الوحدة في تحقيق الأهداف العامة ومراعاة المناسبات والعطل الرسمية وغير ذلك.

(١) تدريس التربية الإسلامية للمبتدئين ص ٣٣٣/ ٣٣٤-(بتصرف).

٤. تحديد المصادر والمراجع العلمية التي تسهم في تعميق المادة التعليمية لدى التلاميذ.

٥. تحديد أساليب التعليم والتعلم المناسبين.

٦. تحديد الوسائل التعليمية الواجب استخدامها في تقديم تلك الوحدات.

٧. تحديد أساليب التقويم التي تشمل التحصيل والسلوك.

٨. المقترحات, كاقتراح الوسائل والأساليب المختلفة وتوزيع المادة الدراسية على أوقات الدرس[١].

(١) المصدر السابق ص /٣٣٥-٣٣٦ (بتصرف).

انموذج خطة سنوية لمبحث التربية الإسلامية للسنة الثامنة

الوحدات	الأهداف	الوسائل والأنشطة	التقويم	الزمن	عدد الحصص
	العقلية (المعرفية)	١- تلاوة المدرس والطلاب	أسئلة حول: أحكام التجويد, مضمون الآيات, مناقشة القصص والتمثيليات, الفلم, اللوحة اختبارات شفهية وتحريرية يومية وشهرية فاعلية الطلاب في المشاركة الصفية.	من ٩/١٤	٤
القــــــرآن والحديث	١- يقف على صورة المجتمع الإسلامي	٢- الاستماع إلى التسجيلات الصوتية			
	٢- يقوم الأفكار الغريبة	٣- تمثيل			
	٣-يطلع على النظم الإسلامية	٤- سرد قصص			
	٤- يستنبط الأحكام من النصوص	٥- اذاعة مدرسية			
	٥- يتعرف إلى الأحكام الفقهية	٦- لوحات تكتب عليها آيات قرآنية			
	٦- يقف على سيرة الرسول والصحابة	٧- عرض أفلام			
	٧- يلم بأحكام التجويد	٨- حفظ آيات وأحاديث			
	٨- يقف على أسباب النزول				
	٩- يحفظ الآيات والأحاديث			إلى ٩/٣٠	
العقيدة	١٠- يستوعب معاني الآيات	١- مشاهدة المناظر	١- عرض مشكلات معاصرة لمعرفة	١٠/١	٤

	والأحاديث	٢- الطبيعية	حكم الاسلام فيها		
	١١- يستوعب معاني المفاهيم والمصطلحات الحركية (النفس حركية)	٢- صور مناظر طبيعية مثبتة على لوحات.	٢- مناقشة الأفلام واللوحات والصور		
	١- يتقن أداء العبادات	٣- عرض أفلام	٣- اختبارات تحريرية يومية وشهرية	١٠/١٥	
	٢- يتقن مهارة التلاوة	٤- الاذاعة المدرسية	٤- فاعلية الطلاب في المشاركة الصفية		
		٥- صحيفة الصف ومجلة المدرسة			
	الوجدانية (الانفعالية)	٦- سرد القصص حول ثبات الصحابة والرسول على العقيدة	١- مناقشة لاستخلاص العبر من حياة الرسول والصحابة	١٠/١٦	٣٠
	١- تهذيب الخلق وتقويم السلوك	٧- زيارات لمتاحف العلوم والجغرافية	٢- ربط الدرس بواقع الحياة بأسئلة		
	٢- تعميق الشعور بالولاء للعقيدة	٨- صور طيور وحيوان	٣- اختبارات تحريرية وشفوية يومية وشهرية		
السيرة النبوية	٣- الاقتداء بالرسول والصحابة	١- سرد قصص	٤- تحديد مدى فاعلية المشاركة الصفية	٢/٢٥	
	٤- تنمية العواطف والانفعالات	٢- مطالعة قصص وتلخيصها			
	٥- ترسيخ احترام القرآن	٣-خرائط وصور ولوحات			
	٦- تعزيز الايمان بالله	٤- تمثيل لبعض الغزوات			
	٧- تكوين القيم والاتجاهات	٥- مجسم للغار			
		٦- الاستعانة بكتب			

		السيرة			
		٧-استغلال الاذاعة المدرسية			
		٨- أفلام, فلم الرسالة فتح مكة			
		٩- كتابة أبحاث			
		١٠- الرحلات			
الفقه عبادات ومعاملات	الأهداف مشتركة بين كل الوحدات	١- مناقشة	١- أسئلة لربط العبادة أو المعاملة بواقع الحياة	٢/٢٦	٩
		٢- فلم عن الحج	٢- عرض مواقف لاستنباط حكمها الفقي		
		٣- أداء العبادة عمليا	٣- امتحانات يومية وشهرية		
		٤- تمثيل المعاملات	٤- فاعلية المشاركة الصفية		
		٥- صور لأعمال العبادات			
		٦- رسم تخطيطي لمواقع الحج			
		٧- أداء الصلاة جماعة			
		٨- فلم يصور أعمال الصلاة.		٤/٢	
التهذيب	كذلك	١ – سرد قصص تهذيبية	١- عرض مواقف حياتية لمعرفة رأي الإسلام	٤/٨	٩
		٢- برامج اذاعية	٢- أسئلة		
		٣- أفلام تعرض قصصا تهذيبية	٣- اختبارات يومية وشهرية		

		٤- تسجيلات لبعض القصص التهذيبية			
		٥- لوحات مصورة لقصص تهذيبية			
		٦- تمثيليات قصيرة تدور حول تهذيب الخلق			
		٧- مناقشة وحوار			
		٨- قراءة قصص تهذيبية وتلخيصها			
الثقافة الإسلامية	نفس الأهداف اعلاه	١- سرد قصصي	١- الاختبارات اليومية والشهرية والفصلية	٥/١	١١
		٢- مناقشة	٢- عرض عادات اجتماعية سائدة لمعرفة حكم الاسلام فيها.		
		٣- تمثيل جوانب من حياة المجتمع الإسلامي	٣- عرض مشكلات معاصرة وبيان رأي الإسلام فيها	٦/١٥	
		٤- مطالعة الكتب وتلخيصها			
		٥- برامج اذاعية			
		٦- مجلة الحائط, صحيفة الصف, وصحيفة المدرسة			
		٧- كتابة الأبحاث			

التخطيط قصير الأجل (اليومي أو الأسبوعي)

وهو عملية برمجة للمحتوى الـدراسي بتقسـيمه إلى وحـدات صـغيرة في درس أو في عـدة دروس ذات خصائص مشتركة بحيث يمكن تنفيذها في وحدة زمنيـة صغيرة (حصة أو عـدة حصص). والمحتوى الـدراسي مقسم بصورة عامة إلى عدة دروس يفترض أن ينفذ كل مـنهما في حصـة دراسية واحـدة والفـارق بينهما يتمثل في الزمن المتوقع للتنفيذ مـن جهة والعمـوم والخصـوص مـن جهة أخرى وتتصف الخطـة اليومية بالتفصيلات والدقة في التنفيذ[1].

وتأتي موضوعات الوحدة الواحـدة مترابطـة ترابطا وثيقـا وتتـدرج موضوعاتها تحـت عنـوان الوحـدة أو مسماها وكذلك يأتي واحدا ومترابطا.

مكونات الخطة اليومية:-

١. البيانات الأولية كعـدد التلاميـذ وفروقاتهم الفردية وتأريخ تنفيذ الخطـة والصـف والموضوع وصفحاته.

٢. مراجعة التعلم القبلي كالمفاهيم والحقائق والمهارات والقيم والاتجاهـات التي تـرتبط مباشرة بالموضوع أو الهدف ويتوقف عليها تعلم الموضوع الجديد وتحقيق أهدافه.

٣. تحديد الأهداف التعليمية (المعرفية والوجدانية والمهارية).

٤. تحديد المحتوى التعليمي ويتضمن الخطوط العريضة للـدرس بكتابة العناصر والنقاط الهامـة والمناسبة لتحقيق كل هدف.

٥. الأنشطة التعليمية التي سوف تمارس أثناء تنفيذ الدرس.

٦. أساليب التعليم واستراتيجياته والخطوات التي سيعالجها المعلم لتحقيق كل هدف.

---

(١) طرائق تدريس التربية الإسلامية وأساليبها وتطبيقاتها العملية ص ١٣١/ (بتصرف).

٧. الوسائل التعليمية التي سوف يستخدمها المعلم.

٨. التقويم ويسجل الأسئلة التي سوف يطرحها للتأكد من مدى تحقيق الأهداف كالاسئلة البنائية والأسئلة الختامية.

٩. الواجبات المنزلية التي تثري التعلم وتجدد نشاط المتعلم.

١٠. الزمن المتوقع لانجاز كل هدف ليساعده على تنظيم الأداء بشكل جيد.

١١. المراجع المتصلة بالدرس مثل كتب السيرة والمجلات الاسلامية.

خطوات التخطيط للحصص اليومية:-

١. وضع الأهداف العامة والخاصة للمادة الدراسية.

٢. التمهيد للحصة اليومية لتهيأة عقول التلاميذ للموضوع الجديد عن طريق مراجعة الدرس السابق أو عن طريق مناقشة لشحذ الأذهان نحو موضوع الدرس تهدف إلى إثارة انتباه المتعلمين وتشويقهم إلى الدرس الجديد وربطه بالقديم (وتكون مدته خمس دقائق)

٣. العرض, حيث يشرح المعلم المادة الجديدة موضوع الدرس فيتناوله بالشرح والتوضيح والمناقشة مع المتعلمين حتى يستنتج الدرس وقواعده الأساسية باستخدام الطريقة الاستنتاجية مثلا او غيرها من الطرق التي تتفق ومادة الدرس. (وتخصص له ٢٥ دقيقة) .

٤. الربط, وتأتي هذه إما عند العرض أو بعده, والهدف منه ربط المعلومات القديمة بالمعلومات الجديدة ويخصص له (٥ دقائق).

٥. التعميم أو الاستنتاج أو الاستنباط كاستخلاص قاعدة أو حكم عام في صورة تعريف أو قاعدة عن طريق المناقشة وبمشاركة من المتعلمين ويدونها على السبورة وقراءتها من قبل الطلبة وتقديم أمثلة عليها.

٦. التطبيق أو (التقويم) وهي الخطوة الأخيرة وتكون بالاعادة أو المراجعة. والهدف منه التأكد بأن المتعلمين قد استفادوا من الدرس.

٧. أما التطبيق فيمكن أن يكون:-

١. بالمناقشة بالأسئلة الشفوية المسجلة بالكتاب المقرر.

٢. حل بعض التدريبات أو الأسئلة في نهاية الموضوع أو الوحدة.

٣. المناقشة بأسئلة تكون قد أعدت من قبل المعلم.

وقد تضاف خطوة إلى الخطط التي ذكرناها وهي:

٨. الواجب المنزلي, ويطرح آخر الدرس قبل ثلاث دقائق ويكون إما حل أسئلة أو حفظ النصوص أو كتابتها أو مراجعة مصادر أخرى أو غير ذلك[1].

فإذا رفعنا الهدف رقم (١) وهو الأهداف الخاصة والعامة والخطوة المضافة الأخيرة, الواجب المنزلي من الخطة التي رسمناها فتبقى خمس خطوات هي التمهيد, العرض, الربط, التعميم, التقويم فتسمى بخطوات هربرت الخمسة في التخطيط للدرس الصفي.

---

(١) أساسيات التدريس ومهاراته وطرقه العامة ص /٧٠-٧٢ (بتصرف).

نماذج تحضير دروس يومية:

القرآن الكريم: سورة الإسراء من ص ١-٨.

الصف: (الثامن) المملكة الأردنية الهاشمية.

الزمن : ٤٥ دقيقة

موضوع: التربية الإسلامية

١. الاعداد الذهني: يقوم المعلم قبل حصته بيوم بقراءة السورة الكريمة قراءة دقيقة مجودة, ثم يراجع معانيها ويستخرج أفكارها الرئيسة ثم يوفر شريطا مسجلا بصوت مقرئ مع جهاز تسجيل وربما جهز شريطا مرئيا يعرضه على الفيديو والتلفاز, وقد يجد أنه بحاجة إلى أن يرجع إلى تفسير قرآني لها في أحد التفاسير ويحدد الألفاظ الصعبة وغير ذلك مما هو بحاجة إليه, ثم يحدد الأهداف السلوكية المعرفية والوجدانية والمهارية.

٢. الاعداد الكتابي

أ- الأهداف السلوكية:

١. المعرفية: ينتظر من المتعلم من خلال هذه الحصة

أ- أن يفسر الكلمات التالية سبحان, اسرى, جاسوا.

ب- أن يحدد نفيرا مكان اسراء الرسول صلى عليه وسلم.

ج- أن يوضح أحداث الاسراء

د- أن يبين أسباب نزول الآيات الكريمة

هـ- أن يبين افساد بني اسرائيل في الأرض

و- أن تلخيص أفكار السورة بأسلوبه.

٢. الوجدانية:-

أ‌- أن يخشع التلميذ وهو يستمع إلى الآيات الكريمة.

ب‌- أن يشعر بسنة الله سبحانه التي لا تتغير.

ج- أن يحسن الاصغاء عند تلاوتها رغبة في ذلك.

٣. المهارية (النفس حركية)

أ‌- أن يقرأ السورة قراءة صحيحة.

ب‌- أن يصغي خلال سماعه لها لاجادة ضبطها وتجويدها.

ج- أن يصوغ بعض الكلمات بلغته سبحان, الكرة, ليسوءوا, ليتبروا, حصيرا ويربطها بافساد اليهود في الأرض مرتين.

د- أن يجود بعض الأحكام التجويدية التي وردت في السورة وخاصة في الآيات الثلاثة الأولى.

٤. الوسائل التعليمية: شريط مسجل مع مسجل

٥. التمهيد, مناقشة بالأسئلة التالية:-

أ‌- اذكر الأديان السماوية الثلاثة

ب‌- أين يقع المسجد الأقصى, ومن أين أسري الرسول صلى الله عليه وسلم؟

ج- ما هي الأديان المنتشرة في الجزيرة العربية قبل الاسلام؟

٦. العرض أو اجراءات التنفيذ

١. يبدأ المعلم بقص قصة الاسراء وكيف قام أبو بكر الصديق رضي الله عنه بتصديق الرسول صلى الله عليه وسلم في كل حادثة كان يرويها.

أ‌- يطلب المعلم من تلاميذه الانتباه وحسن الاصغاء عند سماعهم للسورة.

ب‌- يقوم المعلم بتشغيل المسجل أو الفيديو ليسمعوها ثانية من مقريء آخر.

٢. يقريء المعلم مجموعة من تلاميذه المجيدين ثم يناقشهم بالفكرة الرئيسة ويوجه إليهم الأسئلة التالية:

أ‌- ماذا تعني معجزة الاسراء؟

ب‌- عن أي شيء تتحدث السورة الكريمة؟

ج‌- بأي شيء يفسد بنو إسرائيل في الأرض مرتين؟

ويسجل الفكرة العامة على يمين السبورة من أفواههم بعد تصويبها.

٣. يقرئ المعلم مجموعة ثانية من تلاميذه ثم يناقشهم.

أ‌- ماذا نعني بكلمة الاسراء, وكيف أسري بالنبي صلى الله عليه وسلم؟

ب‌- كيف روى النبي صلى الله عليه وسلم رواية الاسراء وعلى من؟

ج‌- يطلب منهم رواية موقف أبي بكر الصديق رضي الله عنه في قصة الاسراء.

د‌- تسجيل المعلم الأفكار الرئيسة على السبورة ثم يطلب من التلاميذ قراءتها.

٤. يقرئ المعلم المجموعة الأخيرة عند تلاميذه ويركز على تصويب الأخطاء حين وقوعها ثم يناقشهم.

أ‌- ما أسباب نزول هذه الآيات؟

ب‌- ماذا بينت لنا هذه الآيات عن مواقف اليهود الافسادية؟

ج‌- هل تدل هذه الآيات على سنة الله وهل يمكن تغييرها؟

د‌- ما معنى جاسوا, الكرة, نفيرا, ليسوءوا, ليتبروا, حصيرا؟

يسجل المعلم الكلمات الصعبة ومعانيها في وسط السبورة.

الربط:

خلال النقاش والشرح والأقراء يقوم المعلم بربط ما رواه النبي صلى الله عليه وسلم من قصة الاسراء وربطها بالحقائق الكونية والمعجزات التي يتمتع بها النبي صلى الله عليه وسلم خاصة وأن هناك من صدقه على روايته ومشاهده التي رواها صلى الله عليه وسلم طيلة طريق الاسراء.

التقويم:

يقريء المعلم مجموعة عشوائية من تلاميذه. التقويم "كما هو في الكتاب المقرر"

١.   حددت الآيات الكريمة وكان اسراء رسول الله صلى الله عليه وسلم بين ذلك مع الدليل.

٢.   اخبرت الآيات الكريمة عن افساد اليهود مرتين. اذكر العقوبة التي لحقت بهم بعد كل مرة.

٣.   في الآية الكريمة رقم (٧) سنة من سنن الله تعالى وضحها.

٤.   بين معنى المفردات والتراكيب التالية:

حصيرا, ليتبروا ما علوا, أكثر نفيرا, جاسوا خلال الديار.

قال الله تعالى (عَسَى رَبُّكُمْ أَنْ يَرْحَمَكُمْ وَإِنْ عُدْتُمْ عُدْنَا وَجَعَلْنَا جَهَنَّمَ لِلْكَافِرِينَ حَصِيرًا)[الإسراء:٨] ما الدرس المستفاد من هذه الآية الكريمة.

٥.   اتل الآيات الكريمة غيبا.

الواجب المنزلي:

يكلف المعلم تلاميذه بحل تدريبات النشاطات المقررة في الكتاب (نشاط ١, نشاط ٢, نشاط ٣) بصورة تحريرية في دفاترهم.

النموذج الثاني:

الحديث النبوي: يرضى الله ثلاثا ويكره ثلاثا.

قال أبو هريرة رضي الله عنه قال رسول الله صلى الله عليه وسلم "أن الله يرضى لكم ثلاثا ويسخط لكم ثلاثا. يرضى لكم أن تعبدوه ولا تشركوا به شيئا وأن تعتصموا بحبل جميعا. وأن تناصحوا مـن ولاه الله أمركم, ويسخط لكم قيل وقال وإضاعة المال وكثرة السـؤال.

"صحيح ابن حبان. كتب الزكاة. باب المسألة والأخذ وما يتعلق به من المكافأة".

الصف: الثامن "المملكة الأردنية الهاشمية"

الزمن: ٤٥ دقيقة

موضوع: التربية الإسلامية

أولا- الأهداف السلوكية:-

١- المعرفية, ينتظر من التلميذ في خلال هذه الحصة:

أ- أن يوضح معنى رضاء الله وسخط الله

ب- أن يذكر أمثلة عن رضاء الله من خلال ما تعلمه من دينه الحنيف

ج- أن يسمّع الحديث غيبا مع الضبط السليم.

٢- الوجدانية: ينتظر من التلميذ خلال هذه الحصة

أ- أن يدعو إلى الاعتصام بحبل الله.

ب- أن يدعو إلى احترام المال كرزق رزقه الله تعالى به وإلا يضيعه أو يتلفه.

ج- أن يعزم على الاعتصام بحبل الله بعبادته وعدم الشرك به.

٣- النفس حركية (المهارية): ينتظر من التلاميذ خلال هذه الحصة:

أ- أن يقرأ الحديث الشريف قراءة صحيحة معبرة عن معناه.

ب- أن يكتب الحديث في كراسته مع ضبطه بدقة.

ج- أن يصوغ كلمات الاعتصام، النصيحة، السخط, الرضى بجمل مفيدة من انشائه.

د- أن يتحدث بلغته عن مشهد أو موقف شاهده في التلفاز أو في مكان آخر يبين موقف المؤمن المعتصم بالله تعالى. وكذلك موقف الذي يسرف في الصرف حتى يبلغ الافلاس؟

الوسائل:

أ- لوحة كرتونية يكتب عليها الحديث الشريف ويعلقه على السبورة أمام الطلاب.

ب- شريط فيديو لفلم فيه قصة رجل يسرف في الصرف ويصبح فقيرا معدما, أو قصة انسان عابد يحاول الكافرون زعزته عن عقيدته ولكنهم لم يقدروا.

التمهيد/يشرح لهم موضوع الحديث الشريف الذي يصور لنا سخط الله على من يضيع أمواله في غير طائل وكثرة السؤال والكلام الذي لا يجدي ولا ينفع وذلك اللغو غير البريء الذي يؤذي النفس ويؤذي الغير, كما أنه يصور رضى الله تعالى عمن يعبده ولا يشرك به شيئا وعمن يعتصم بأمره. ومن يقدم النصيحة لمن ولي أمور المسلمين.

العرض والإجراءات أو خطوات التنفيذ:

١- قراءة المتعلمين للحديث النبوي الشريف قراءة صامتة, ثم يوجه إليهم السؤال التالي: إلى أي شيء يدعو هذا الحديث الشريف ؟

٢- يقرأ المعلم الحديث الشريف قراءة جهرية واضحة معبرة عن المعنى.

٣- يقرئ المعلم مجموعة من المتميزين ثم يناقشهم.

أ- من يقص علينا قصة فيها معنى الرضى؟ ثم يختار واحدا منهم.

ب- بأي شيء طلب الله سبحانه وتعالى من المؤمنين الاعتصام؟

٤- يقرئ المعلم مجموعة ثانية من تلاميذه مركزا على الضبط وحسن القراءة. يناقشهم في الحديث ثانية:

أ- هات قصة رأيتها أو سمعت بها تشتمل على رضى الله أو سخطه.

ب- اذكر قصة سمعت بها فيها معنى الرضى أو السخط.

٥- يقرئ المعلم المجموعة الأخيرة وهي المجموعة الأظهر ضعفا ثم يعيد المناقشة بصورة جديدة مثل.

أ- هات كلمة من عندك تفيد معنى الرضى.

ب- هات كلمة من عندك تفيد معنى السخط.

ج- ضع كلمة يعتصموا, تناصحوا, إضاعة المال, كثرة السؤال في جمل من عندك.

٦- يعمل المعلم على أن يحفظ التلاميذ الحديث مع الضبط السليم مستعملا احدى طرق التحفيظ مثل تحفيظ الجزء تحفيظ الكل, تحفيظ الحذف.

الربط:

خلال عملية التدريس بخطواته السابقة يقوم المعلم بربط الحديث بالقرآن الكريم أو بالتأريخ وحوادثه ومثال ذلك:

١. هات آية تتضمن معنى من معاني الاعتصام بحبل الله.

٢. هات موقفا سخط الله فيه على قوم من الأقوام.

٣. هات قصة لشخص أتلف ماله وأصبح فقيرا مدقعا.

التقويم: (غير تقويم الكتاب)

١. تسميع الحديث الشريف لمن حفظه.

٢. ذكر آيات قرآنية وردت فيها كلمة الاعتصام بحبل الله.

٣. هات ثلاثة كلمات مرادفة لمعنى (سخط).

٤. إلى أي شيء دعانا الرسول صلى الله عليه وسلم في حديثه الشريف.

قال تعالى: (وَاعْتَصِمُوا بِحَبْلِ اللَّهِ جَمِيعًا وَلَا تَفَرَّقُوا وَاذْكُرُوا نِعْمَةَ اللَّهِ عَلَيْكُمْ إِذْ كُنْتُمْ أَعْدَاءً فَأَلَّفَ بَيْنَ قُلُوبِكُمْ) [آل عمران:١٠٣] "واعتصموا بحبل الله جميعا ولا تفرقوا واذكروا نعمة الله عليكم إذ كنتم أعداء فألف بين قلوبكم...".

أ- ما عكس كلمة ولا تفرقوا في الآية؟

ب- ما عكس كلمة أعداءً؟

ج- ما المقصود بقوله: "وإن تناصحوا من ولاه أمركم؟

د- ما عكس جملة "إضاعة المال".

هـ- ما المقصود بقوله "ويسخط لكم قيل وقال".

الواجب المنزلي:

١- يحفظ التلاميذ الحديث الشريف.

٢- يكتب التلاميذ ملخصا لمعنى الحديث الشريف.

٣- يكتب التلاميذ مقالا فيه الحث على الاعتصام بحبل الله.

٤- يحل التلاميذ تدريبات الكتاب أو أسئلة يسجلها المعلم على السبورة.

أسئلة اختبارية:

س: ما هو مفهوم التخطيط عند التربويين؟

س: لماذا نحتاج التخطيط التربوي؟

س: عدد مقومات التخطيط التربوي؟

س: قارن بين التخطيط العام والتخطيط المدرسي؟

س: أذكر أهداف التخطيط؟

س: أذكر المراحل العامة لطرق تقدير القيد المدرسي المقترح للمستقبل؟

س: ما معنى استشراف المستقبل؟

س: ما هي أنواع التخطيط؟

س: هل التخطيط الإعداد اليومي للمعلمين ذو فائدة, وكيف؟

س: ما هي عناصر الخطة السنوية؟ عددها.

س: هنالك تخطيط طويل المدى وآخر قصير الأجل قارن بينهما.

س: تابع خطوات التخطيط للحصص اليومية.

س: خطط نموذجا لتحضير الدروس اليومية.

الوحدة الرابعة

تدريس التربية الإسلامية

التدريس والتعليم

نظريات التدريس

أساسيات التدريس

متطلبات التدريس

أنماط التعليم ومداخل التدريس

استراتيجيات التدريس

التعلم

استراتيجيات التدريس

التعلم

استراتيجيات التعلم

نظريات التعلم

نظرية الملكات

النظرية السلوكية

نظرية الجشتالت ونظرية المجال

المفهوم الإسلامي للتدريس

الكفايات التدريسية الواجبة في مجال التربية الإسلامية

استخدام التقنيات في تدريس التربية الإسلامية.

معايير اختيار طريقة تدريس التربية الإسلامية

صفات معلم التربية الإسلامية.

عزيزي الطالب:

في هذه الوحدة سندرس المفهوم العام للتدريس والتعليم ونظرياته وأساسياته ومتطلباته واستراتيجياته ... ثم نقارنه مع المفهوم الإسلامي للتدريس...

وبطبيعة الحال فإن التربية الإسلامية لابد لها من كفايات تدريسية, وكذلك استخدام التقنيات في تدريسها ليكون المعلم والمنهاج بمستوى التطور التربوي المعاصر.

وهنالك معايير لاختيار طريقة تدريس التربية الإسلامية لابد من معرفتها قبل البدء باعطاء نماذج تدريسية لكل فرع من فروع التربية الإسلامية.

التدريس والتعليم:-

١. التدريس: هو الجانب التطبيقي للتعليم أو أحد أشكاله وأهمها, والتعليم لا يكون فعالا إلا إذا خطط له مسبقا أي قد صمم بطريقة منظمة ومتسلسلة, فهو نشاط تواصلي يهدف إلى إثارة التعلم وتسهيل مهمة تحقيقه ويتضمن سلوك التدريس مجموعة من الأفعال التواصلية والقرارات التي تم استغلالها وتوظيفها بكيفية مقصودة من المدرس الذي يعمل باعتباره وسيطا في أداء موقف تربوي تعليمي. ويمكن القول بأن التدريس نظام من الأعمال المخطط لها, يقصد به أن يؤدي إلى تعلم الطلبة في جوانبهم المختلفة ونموهم, وهذا النظام يشتمل على مجموعة الأنشطة الهادفة, يقوم بها كل من المعلم والمتعلم, ويتضمن هذا النظام عناصر ثلاثة: معلما, متعلما, ومنهجا دراسيا وهذه العناصر ذات عناصر ديناميه, كما أنه يتضمن نشاطا لغويا هو وسيلة اتصال أساسية بجانب وسائل الاتصال الصامتة والغاية من هذا النظام اكساب الطلبة المعارف والمهارات والقيم والاتجاهات والميول المناسبة[١].

٢. أما التعليم: فهو نشاط تواصلي يهدف إلى إثارة دافعية المتعلم وتسهيل التعلم, ويتضمن مجموعة من النشاطات والقرارات التي يتخذها المعلم أو (الطالب) في الموقف التعليمي, كما أنه علم يهتم بدراسة طرق التعليم وتقنياته وبأشكال تنظيم مواقف التعلم التي يتفاعل معها الطلبة من أجل تحقيق الأهداف المنشودة والتعليم أيضا تصميم مقصود أو هندسة للموقف التعليمي بطريقة ما, بحيث يؤدي ذلك إلى تعلم أو إرادة التعلم التي يشرف عليها المدرس.

---

(١) طرائق التدريس العامة ص /٢٣.

والتعليم هو "توفير" الشروط المادية والنفسية التي تساعد المتعلم على التفاعل النشط مع عناصر البيئة التعليمية في الموقف التعليمي, واكتساب الخبرة والمعارف والمهارات والاتجاهات والقيم التي يحتاج إليها هذا المتعلم وتناسبه, ومعنى هذا أن عملية التعليم هي تلك العملية التي يوجد فيها متعلم في موقف تعليمي لديه الاستعداد العقلي والنفسي- لاكتساب خبرات ومعارف ومهارات أو اتجاهات وقيم تتناسب وقدراته واستعداداته من خلال وجوده في بيئة تعليمية تتضمن محتوى تعليميا ومعلما ووسائل تعليمية ليحقق الأهداف التربوية المنشودة[1].

عملية التدريس:

إن عملية التدريس تستند إلى مجموعة من الخبرات الحيوية التي تستند في نموها ونضجها إلى أصول معينة وأسس محددة ومقومات واضحة فهو عملية تفاعل بين المدرس وطلابه, عملية الأخذ والعطاء أو الحوار والتفاعل, وهو تعليم للطرق والأساليب التي يتمكن الدارس من الوصول بها إلى الحقيقة, وهو يشتمل على الاحاطة بالمعارف وعلى اكتشافها- وهو الأداء الذي يؤديه المدرس أثناء عملية التعليم والتعلم لأحداث التعليم المباشر في أداء الطلبة ويشمل تزويد الفرد بالمعلومات التي تؤثر في شخصيته تأثيرا عمليا. وهو عملية متعمدة لتشكيل بنية الفرد بصورة تمكنه من أن يتعلم أداء سلوك محدد أو الاشتراك في سلوك معين كما يرى (ستيفن كوري) وذلك تحت شروط موضوعة مسبقا.

فالتدريس إذن, ليس عملا ارتجاليا يؤدى على أية صورة دون ارتباط بقاعدة أو بنظام. لذا فهو يستمد الأهمية بوصفه مهنة من المهن المرتبطة بالارشاد والتوجيه. وبالتدريس يمكن تحقيق جملة أمور منها:

---

(١) طرائق التدريس العامة ص ٢١-٢٢.

1. المدرس مرب وليس ملقنا. لأن تدريسه لا يقتصر على التلقين وتزويد الذهن بالمعلومات التي تمتد إلى التربية الخلقية والنفسية لأن التدريس يستند أساسا إلى علم النفس وعلوم التربية.
2. المدرس يؤدي مناقشات هادفة يقودها ويديرها ويوجهها, لذلك لا بد أن يكون التدريس عملية تفصيل لما جاء مجملا في المناهج المقررة الذي لا يمكن للطلبة معرفة تفاصيلية إلا من خلال ما يؤديه المدرس من مناقشات هادفة يقودها ويديرها ويوجهها.
3. وضوح المعلومات التي تغمض على الطلاب من خلال المناقشات والمحاورات المفيدة.

وصف التدريس بأنه خبرة حيوية لاعطائه تعريف الخبرة التي تشبه الكائن الحي في التطور والنمو, تخضع إلى ما يخضع إليه الكائن الحي في النمو والتطور, وهو عملية تفاعل فكري بين المدرس طلابه, وهو ما يتضح فيه الجانب التفاعلي في الأفكار لأن التدريس عملية ارسال واستقبال, المرسل للمعلومات هو المدرس والمستقبل لها هو (الطالب), وحيث أن الطالب يمتلك أفكارا أخرى, فإنها سوف تتفاعل مع ما يستلم فتكون العملية عملية تفاعل فكري.

التدريس علم وفن:-

يعرف العلم: بأنه مجموعة من الحقائق التي توصل إليها العقل البشري بالتجريب.

ويعرف الفن: بأنه مجموعة من المهارات.

ومن خلال التعريفين السابقين نجد أن العلم يقوم على العقل. مثل الطبيعة, فإنها تقوم على مجموعة من الحقائق الكونية الثابتة بالنظر والتفكير والتجربة. أما الخط مثلا والرسم والنحت والغناء والتمثيل والموسيقى فهي فنون, لأنها مهارات. والمهارات إما أن تكون:

١. يدوية كالخط والرسم والنحت والموسيقى

٢. صوتية كالغناء

٣. حركية كالتمثيل

ومرد العلم إلى العقل لأنه يدرك به, فإذا سألت كيف تتمدد الأجسام؟ أو هل يلتقي الخطان المستقيمان؟ وهل يتنفس النبات؟ فإنك تجيب عنها عقلا لأن الجواب عليها من البديهيات.

أما الفن فمرده الذوق. وذوق الانسان يحدد ذلك الفن فما يعجبني قد لا يعجب غيري وما يؤثر في قد لا يؤثر في غيري وبالعكس.

وهل يستغني العلم عن الفن أو العكس؟ والجواب على هذا السؤال بطبيعة الحال (كلا) وتضرب الهندسة مثالا على ذلك. فهي علم لا شك، لكنها فن إذا ما رأينا انتاج المهندسين في التصاميم والانشاءات. وفي الجزء الثاني (الانتاج) تختلف الأذواق الفنية .

و(الموسيقى) مثال آخر، فهي فن لاشك. إلا أنها تستند على قواعد وأصول . وتلك القواعد والأصول هـي علم. و (التصوير) الذي هو فن يعتمد على الضوء والكيمياء. فيتداخل الفن والعلم فيها. وماذا نطلق عليهم بصورة عامة؟ والجواب على هذا السؤال أن الإطلاق يتم على الصورة الغالبة عليها. فنقول علـم الفيزياء وعلم الفلك. وكذلك نقول فن التصوير وفن الموسيقى.

وإذا عدنا إلى التدريس. فهل التدريس علم أم فن؟ بمعنى هل أن قيام التدريس على حقائق ثابتـة أم علـى مهارات فنية يكتسبها المدرس؟

وللاجابة عن السؤال. يمكن أن نقول أن التدريس عبارة عن مجموعة من المهارات

١- المدرس على الاتصال مع الطلاب.

٢- أسلوب تحدثه إليهم.

٣- قدرته على التصرف معهم.

٤- قدرته أو براعته في استمالتهم والنفاذ إلى أعماقهم, فهو إذن في هذا الجانب فن. لكنه لا يبعد عن العلم عن العلم, فهو في تعامله مع طلاب يعتمد على علم النفس حيث يعالج النفس البشرية بالفهم والتحصيل والتقويم.

ما هي مقومات (فن) التدريس؟

يستند التدريس إلى مقومين أساسيين هما:

١.   الفطرة والموهبة.

٢.   التعليم والصناعة.

فقول الشعر يحتاج إلى الموهبة, الناتجة عن الفطرة. لكنه بحاجة إلى التدريب على النظم والرواية والنقد, وهذه صنعة.

والتدريس يحتاج إلى الموهبة والصنعة التي لا تتم إلا بالتدريب والممارسة والاطلاع.

تتطلب الموهبة في التدريس:-

١.   ضبط النفس

٢.   سرعة البديهة

٣.   القدرة على حسم المشكلات

٤.   حسن التصرف

أما الصنعة فيها فتتطلب:-

١.   تعليم المدرس المادة التي سيوكل إليه تدريسها.

٢.   الالمام بالمادة الماما كافيا لتنمية الثقة في نفس.

٣.   الاقبال على العمل بنشاط وحماسة لغرض التدريس بحماسة وجدية.

وهنالك اتجاهان في التدريس:

الأول: الاتجاه التقليدي الذي يركز على تلقين الطلبة والمعلومات والمهارات فيكون موقف التعلم فيه سلبيا يتلقى ما يفرض عليه من واجبات ومطالب.

الثاني: الاتجاه الحديث، والذي يسعى إلى تنمية الشخصية للمتعلم ونشاطه داخل المجموعة. والعمل على تكييفه مع ما يحيط به تكيفا سليما. فيتحول التدريس به إلى عملية توجيه وارشاد لا عملية تلقين وحفظ كما هو في الاتجاه التقليدي.

وقد تناولنا ذلك في وحدة (المناهج) بصورة تفصيلية.

نظريات التدريس:

وهنالك نظريات للتعلم تهتم بالاجابة عن سبب تغيير التعلم وحدوثه. ترتبط بها نظريات أخرى هي نظريات التدريس والتي هي مجموعة من العبارات المبنية على أساس البحث العلمي التي تسمح للفرد بالتنبؤ بتأثير تغيرات معينة في البيئة التربوية على تعلم الطلبة, أو هي مجموعة من المبادئ المتكاملة التي تصف موجهات لترتيب الظروف لانجاز الأهداف التربوية ونظريات التدريس جزء من نظريات التربية (المنهج والارشاد والادارة والتقويم).

أما أهم نظريات التدريس فهي:

أ- نظرية جيروم برونر : التي تتضمن أربعة مبادئ رئيسية هي:

١. الاستعداد القبلي للتعلم التي تتطلب تشخيص العوامل التي تشجع المتعلم ليكون واعيا وقادرا ومستعدا للتعلم والتي تتطلب النشاط والمواظبة والتوجيه.
٢. بنية المعرفة وشكلها, التي تقوم على أساس تنظيم بنية المعرفة وتنظيم الفرد للمعلومات التي تسهل اكتسابه للمعرفة عن طريق: تعلم المهارات الحركية والتعلم المعتمد على الحواس والتعلم بالنمط الرمزي الذي يكون بالكلمات أو الأرقام.

٣. مبدأ التتابع الـذي يأخذ بمتابعـة المـتعلم للعبـارات والمشـكلات والمعرفـة المعروضـة لزيادة قدرته على التعلم لتطويره تتابعيا من السلوك المحسوس إلى السلوك المجرد.

٤. شكل المعززات وتقديمها: أي تحديد طبيعة تقديم المكافآت ومعدلها وتوقيتها لكي يصبح المتعلم قادرا على حل المشكلات التي تواجهه وبمعنى آخر قدرته على تصحيح مساره بنفسه دون تدخل من المعلم.

ب- **نظرية ديفيد اوزوبل:** التي تعطي أهمية مركزية للعمليات المعرفية في تخطيط التدريس والتي تعطي أهمية للعرض المنظم في عملية التربية وتستند هذه النظرية إلى:

١. التتابع الدقيق للخبرات التعليمية.

٢. التعلم الاستقبالي وفيه تقدم المعلومات الكلية للمادة المتعلمة بشكلها النهائي.

٣. التعلم الاستكشافي... والذي يطلب فيه من المتعلم أن يكتشف المعلومـات الرئيسـة للمادة بنفسه لاستخلاص معانيها.

وهنالك نوعان من الأساليب التي يستخدمها المتعلم لربط المعلومات في هذه النظرية.

الأولى: أساليب استظهارية, يستظهرها المتعلم عن طريق تكرار المعلومات وحفظها حفظا آليا.

الثانية: أساليب ذات معنى يعرف فيها المـتعلم مـا تحتويه المـواد اللفظيـة مـن معلومـات ومـا تتضمنه من أفكار, فتتم عملية الربط بطريقة منظمة بما يعرفه سابقا وما تعلمه لاحقا.

وبمعنى آخر فإن النظرية تتضمن أربع عمليات هي التعلم الاستقبالي ذو المعنى والتعلم الاستقبالي الاستظهاري والتعلم الاستكشافي ذو المعنى والتعلم الاستكشافي الاستظهاري.

٤. نظرية روبرت جانييه:- وفيها ينظر إلى التدريس بوصفه عملية ترتيب للظروف والشروط التي تيسر التعلم. فتصميم الدرس يتعلق فيها بالمتعلم والبيئة.

وتمثل أنماط التعلم وبنية المعرفة مفهومان أساسيان في هذه النظرية. وقد صنف جانييه أنماط التعلم إلى ثمانية:

١. التعلم الاشاري ويكون التعلم فيه لا اراديا.
٢. التعلم عن طريق المثير والاستجابة, كتشجيع المعلم للمتعلم المستمر.
٣. التسلسل الحركي الذي هو مجموعة الأنشطة المتتابعة كتعلم الكتابة.
٤. التلازم اللفظي مثل تعلم الكلمات الجديدة باللغات الأخرى.
٥. التعلم المتمايز كالاستجابة المتنوعة لمثيرات متباينة مثل اكتساب المتعلم خصائص معينة لتمايز فصيلة معينة من الحيوانات عن أخرى.
٦. تعلم المفاهيم. مثل قليل وكثير, صغير وكبير, قوة وتأثير. وغيرها.
٧. تعلم القاعدة كاعطاء المتعلم معلومات عن طبيعة التعلم وتشخيص المفاهيم الأساسية والتوجيهات اللفظية لتشكيل سلسلة من المفاهيم واعطاء المتعلم أسئلة تشجعه على اثبات القاعدة والوصف اللفظي لها وتعلم كيفية ايجاد الأشكال الهندسية.

٨. حل المشكلة والتي تتطلب من المعلم معرفة عدد من المفاهيم والقواعد لتحديد المشكلة والوصول إلى حلها كحل مسألة رياضية أو جبرية وغيرها تستند نظرية جانبيه إلى مفهوم بنية المعرفة التي تحدد التهيؤ للمتعلم والامكانات التي يحتاج إليها المتعلم لتأدية عمله بنجاح والذي يتطلب تحليل العمل والمهمة ومعرفة دوافع المتعلم ومستوى نموه[١].

أساسيات التدريس:

مثلما يوصف العلم أحيانا بأنه (مادة وطريقة) فإننا يمكن أن نصف التدريس بأنه (اختصاص وفن) كما سبق أن ذكرنا فاختصاص بمعنى ان يمتلك المعلم الخلفية العلمية والخبرة العملية في موضوع اختصاصه, أي أن يكون للمعلم الماما كافيا في الجوانب النظرية المرتبطة بالمادة التي يدرسها ومهارة عالية في تدريس طلبته في الجوانب العملية.

وهو فن بمعنى أن يتملك المعلم القدرة على توصيل معلوماته ونقل خبراته إلى المتعلمين بشكل فعال, ليس هذا فحسب بل على المعلم أن يتأكد من انتقال تلك الخبرات والمعلومات من ذاكرة الطالب قصيرة الأمد إلى ذاكرة الطالب بعيدة الأمد وعلى ضوء ذلك فهناك أسس ثابتة للتدريس تعكس المهارات التدريسية الواجب توفرها في المعلم, وهذه الأسس هي:

١. أن تكون هناك أهداف تعليمية واضحة ومحددة وتشير إلى ما سيتعلمه المتعلمون في نهاية كل فترة تعليمية.

٢. أن تكون المادة التي سيتعلمها المتعلم مفيدة ومتقنة مع الأهداف.

٣. اعتماد أنسب الطرق والوسائل التعليمية في توصيل المعلومات.

---

(١) مناهج اللغة العربية وطرائق تدريسها- مخطوطة ص ٧٦-٨٦ بتصرف.

٤. أن يساهم المتعلمون بشكل فعال في عملية التعلم أي أن المتعلم يجب ألا يبقى مستمعا فقط, بل يجب أن يتفاعل مع ما يعطى له داخل الصف.

٥. أن يكون المتعلم على بينة بمدى تقدمه في دراسته وبصورة مستمرة, وهذا يتضمن قدرة المعلم على استخدام أدوات التقويم الملائمة.

٦. أن يتأكد المعلم من اتقان المتعلمين للموضوع السابق قبل شروعه بتدريس الموضوع الذي يليه, وهذا يأتي من خلال الحصول على تغذية راجعة من المتعلمين[١].

الفعاليات التعليمية/التعلمية

فعاليات المتعلم	فعاليات المعلم
طرح الأسئلة	القاء/توضيح
الاجابة على الأسئلة	تشجيع/حث/استماع
مناقشة	الاجابة على الأسئلة
اكمال الملازم	املاء الملاحظات
تشغيل	مناقشة
الاستماع	استخدام السبورة
المشاهدة	تشغيل أجهزة
حل التمارين	رسم المخططات والبيانات
اجراء التجارب	الاشراف
	التصحيح
	الاستماع

(١) طرائق التدريس والتدريب المهني ص/١٤-١٥.

متطلبات التدريس:

هنالك أربعة متطلبات للتدريس هي:

أولا: اعداد المادة: وذلك عن طريق تعيين حدود المـادة وترتيـب عناصرهـا (أي تحديـد الموضـوع), وذلـك بالرجوع إلى الكتاب المقرر وتوظيفه خلال الدرس والرجوع إلى المصادر الأخرى. (الكتب والمنشورات) وإلى واقع الحياة لاكمال النقص إلى جمل في الكتب. بشرط التحضير الكتابي للتحضير الذهني.

وهنالك مبادئ عامة لاختيار المادة, هي:

١.   مناسبة المادة لعقول الطلبة وسنهم.

٢.   ارتباطها بحياة التلاميذ وبيئتهم.

٣.   مناسبتها للوقت المخصص لها.

٤.   أن تكون مرتبة ترتيبا منطقيا.

٥.   أن تكون صحيحة من ناحية الفكرة والأسلوب.

أما الإعداد الذهني أي الالمام الكامل بكل عناصر الدرس من حيـث الأهـداف والمـادة العلميـة فهـو مهم لأنه يقدم معلومات موثقة ويختصر الجهد والوقت ويمنح الثقة للمعلم أثناء أداء عمله ويقضيـ علـى مظاهر الارباك والتناقض والاطالة ويساعد على اختيار وسيلة الايضاح المناسبة واختيار طريقـة التـدريس المناسبة والتجديد والابداع. وللاعداد الذهني مصادر تتشكل مـن كتـاب التلميـذ وكتـاب المعلـم والخبرات الذاتية والمكتسبة والمراجع العلمية وبيئة التلاميذ وحاجاتهم. وقد تكون هنالك معوقات للاعداد الـذهني كعدم تقدير المسؤولية والكسل والانشغال والاعتداد بالخبرة السابقة.

ثانيا: التصميم (ورسم الطريقة):

وهنالك أسباب كثيرة لرسم الطريقة أو التصميم منها:

١. تعقد التعليم كزيادة المؤسسات التعليمية وكثرة الطلاب وتوسع المواد الدراسية وتشعبها وامتداد ساعات الدراسة اليومية.

٢. انفصال مواضيع الدراسة وتقسيمها وتوزيعها بين المدرسين.

٣. اختلاف غايات التربية وأهدافها, بسبب اختلاف الأديان والأخلاقيات وغير ذلك.

أما فوائد التصميم فكثيرة منها:-

١. توفير الوقت للمعلم والمتعلم

٢. تعويد التلاميذ على النظام والاتقان والاعتماد على النفس والاستقلال في الفكر والبحث المنظم.

٣. تنمية الثقة في المعلم والمتعلم.

٤. ترسيخ المعلومات في اذهان التلاميذ وحمايتهم من تشويش الفكر واضطراب الذهن.

٥. التشويق واستثارة الهمم والشغف بالتعليم.

٦. يساعد المعلم والمتعلم على تحقيق الأهداف المرسومة.

أما فوائد الخطة الدراسية: فتتلخص في:-

١. ضمان تحقيق الأهداف الخاصة للدرس.

٢. الربط بين الدرس السابق واللاحق ليكون الموضوع وحدة متماسكة.

٣. مساعدة الخطة للمعلم على اتباع طريقة تدريسية معينة تصلح للدرس.

٤. المساعدة على فحص نتائج التعليم بصورة جيدة.

٥. المساعدة في اختيار أسئلة الاختبارات المناسبة ووسائل الايضاح المناسبة. وتسهيل وضع الواجبات لكل درس.

٦. الخطة تساعد على الاعتناء بالفروق الفردية...

ثالثا: تدوين الدرس:-

أي أن يحضر المعلم درسه, بعدم الاعتماد على الحفظ القديم لها ويجب أن يرافق دفتر التحضير للمعلم في الحصة. والغرض من التحضير يساعد في:

١. تعيين حدود المادة المراد اعطاءها للتلاميذ وترتيب عناصرها ترتيبا منطقيا لضمان تسلسل الدرس وترابطه.
٢. رسم خطة لخطوات الدرس.
٣. تحديد الوسائل التي يستعين بها المعلم.
٤. دعم ثقة المعلم بنفسه.
٥. الرجوع إلى الخطة المدونة عند الحاجة.

رابعا: ايصال الدرس: ويعرف ذلك عن طريق التقويم لأنه يبين ناتج التعليم الفعلي بالأهداف الموضوعة أي التأكد من فهم التلاميذ للدرس وقد يتم ذلك بتكليف الطلاب بنشاطات معينة وتمرينات من الكتاب المدرسي ومراقبتهم أثناء الحل وتوجيه من يحتاج منهم إلى ذلك سواء فرديا أم جماعيا. وستتم مناقشة ذلك في وحدة (التقويم)[1].

المعلم في غرفة الدرس:

إن هدف المعلم إحداث تغييرات محددة في سلوك المتعلم تصنف بثلاثة أبواب:

١. معرفة ومفاهيم
٢. مهارات وكفاءات
٣. اتجاهات وميول

---

(١) راجع المرشد في التدريس ص /١٦-٣٠ (بتصرف).

وتتم هذه التغييرات عن طريق:

١. تحديد أهداف تعليمية للدرس الذي يقدمه.
٢. تخطيط وتصميم عدد من النشاطات التعليمية المناسبة والفعالة لتحقيق الأهداف المذكورة.
٣. تنظيم نشاطات تعليمية وتعيين وقت تقديمها ومدتها.
٤. اختيار الاستراتيجيات التعليمية المناسبة واستخدامها وتسلسلها.
٥. تصميم واستخدام وسائل وأساليب تقويمية للطلبة وقياس وصولهم إلى الأهداف المذكورة.
٦. توفير المناخات المناسبة لها.
٧. توفير الوسائل التعليمية وتحديد كيفية استخدامها.

إدارة المعلم للصف:

وذلك عن طريق توجيهه مجموعة من التلاميذ نحو هدف معين مشترك من خلال تنظيم جهودهم وتنسيقها واستثمارها بأقصى طاقة ممكنة للحصول على أفضل النتائج بأقل وقت وجهد ممكن[1].

البيئة الصفية:

تؤثر البيئة في التفاعل بين المعلم والتلميذ إلى درجة كبيرة على فعالية التعلم. كأن تكون بيئة شورية ديمقراطية تتميز بالصداقة والاخلاص والتفكير لتسهيل عملية التعلم وتحسن في الصحة العقلية للتلاميذ وتؤدي إلى بناء خلق الفرد وشخصيته وسلوك المعلم يؤثر على تعليم التلاميذ, فإذا كان المعلم منظما منضبطا محبا لعمله زاد تعلم المتعلمين بينما يقل تعلمهم إذا لم يكن المعلم كذلك.

(١) المرشد في التدريس ص /٨٤-٨٥ (بتصرف).

(البيئة الصفية تعني المناخ الصفي بأنماطه المباشرة وغير المباشرة والمنهاج المدرسي والسلوكيات التعليمية والقيادة المدرسية) [١].

أنماط التعليم ومداخل التدريس

النمط التعليمي, مجموعة اجراءات منظمة توجه عملية تنفيذ الأنشطة التعليمية وتقوم على مجموعة مسلمات أو افتراضات مقبولة دون برهان وتنطوي على مجموعة من تعريفات للمصطلحات والمفاهيم ومجموعة من القواعد والمبادئ التي تحكم العلاقات القائمة بين المفاهيم المختلفة ومجموعة من الفرضيات التي على المعلم دائما أن يعمل على التحقق منها, وقد مررنا على تفصيل الأنماط ضمن تعداد نظريات التدريس.

أما مداخل التدريس فهي تصورات انبثقت عن أصول فلسفية واجتماعية ونفسية وأطلق على هذه التصورات, مداخل التدريس تتفرع عنها مداخل أخرى, ومن تلك المداخل, المداخل المعرفية التي تهتم بالمحتوى أو بتنظيم المحتوى ومنها مدخل المادة الدراسية وتتمثل ركائزه في الكتاب المدرسي والشرح الذي يقوم به المعلم وبموجبه على المتعلم أن يقوم بدراسة الكتاب وحفظ محتواه تمهيدا لأداء الاختبارات التي ترتبط بما ورد فيه فالاهتمام في هذا المدخل ينصب على المحتوى وليس على المتعلم ولذلك فإن ما يدرسه المتعلم ليس بالضرورة ما يحتاجه وقد يتخذ تنظيم المحتوى شكل مواد منفصلة أو مترابطة أو مندمجة.

ومنها المداخل الفردية التي تهتم بالفرد وبخبراته الانفعالية وحاجاته واتجاهاته الفكرية كالمدخل الذي يكون الانسان هو موضوع الاهتمام الرئيس فيه ومدخل الاحتياجات الفردية والذي ينبع من اهتمامات الطلبة واحتياجاتهم اليومية المباشرة.

---

(١) المرشد في التدريس ص/٨٥-٨٦ (بتصرف).

ومنها مدخل التفكير التأملي الذي ينظر الفرد فيه في معتقداته ليرى ما إذا كانت جديرة بالتمسك بها. والمدخل الاجتماعي الذي يرى أن المدرسة بيئة اجتماعية والمدرسة مؤسسة اجتماعية أنشأها المجتمع لغايات محددة لابد من قيامها بما هو مأمول منها والتي تحدث تغييرا في سلوك معلميها وفي بناء المجتمع عموما.

ومنها مداخل الضبط التي تتصف بتحكمها في العمليات التعليمية تحكما عاليا وتولي أهمية خاصة لتهيئة المحيط والتخطيط له وكذلك للاستجابات الممكنة ولها مداخل فرعية كمدخل النشاط ومدخل النظم والمدخل السلوكي[1].

وللمداخل المذكورة مبادئ فرعية تستند إلى نظريات تربوية ونفسية سنأتي إلى ذكرها ضمن بقية الوحدات.

وينظر للتدريس على أنه تجربة متكررة متنوعة لدراسة النفس البشرية والمجتمع ومعرفة قدراتها وتأثيرها المتبادل, والتدريس ليس نوعا من العطاء فحسب يعطي فيه المدرس التلميذ بعض حصيلته من الذكاء والمهارة والخبرة وإنما هو كذلك نوع من التبادل العقلي بين طرفين يستفيد كلاهما من اللقاء العقلي فائدة تصقل ذكاءه وتنمي شخصيته. والتدريس, مناسبة عظيمة القدر لالتقاء الأجيال, ففي أثنائه يلتقي جيل قد نشأ على ثقافة معينة مع جيل في دور التنشئة تحكمه ظروف عصره الثقافية وتدفعه إلى التبرم بالجيل الماضي ومقاومته ولكن الجيلين يلتقيان أثناء التدريس على هدف البذل من جانب والانتفاع من الجانب الآخر تحددها منفعة المجتمع وتحكمها مثالية التربية وسمو أغراضها[2].

والتدريس, هو عملية تواصل بين المدرس والمتعلم ويعني الانتقال من حالة عقلية إلى حالة عقلية أخرى حيث يتم نمو المتعلم بين لحظة وأخرى نتيجة تفاعله مع

(١) طرائق التدريس العامة ص /٢٩-٣٢ (بتصرف).

(٢) طرائق التدريس العامة ومهارات تنفيذ وتخطيط عملية التدريس ص/١٥.

مجموعة من الحوادث التعليمية التي تؤثر فيه. والتدريس هو نظام شخصي فردي يقوم فيه المدرس بدور مهني هو التدريس.

والتدريس أيضا هو موازنة دقيقة بين أهداف المحتوى والاستراتيجيات اللازمة لتحقيق تلك الأهداف, والخبرات التي يجليها معهم إلى مواقف التعلم والبيئة الاجتماعية.

إن التعليم مفهوم شامل يتضمن جميع الحوادث التي لها تأثير مباشر في تعلم الفرد ولا يقتصر على تلك الحركات التي تقوم بها المعلم أو غيره في الموقف التعليمي, فالتعليم قد يتضمن حوادث مصدرها صفحة مطبوعة أو صورة أو برنامج تلفازي أو حاسوب أو مجموعة الأشياء المادية. وبذلك يمكن عد التدريس بأنه الجانب التطبيقي للتعليم أو أحد أشكاله وأهمها. والتعليم لا يكون فعالا إلا إذا خطط له مسبقا أي قد صمم بطريقة منظمة ومتسلسلة, فالتدريس نشاط تواصلي يهدف إلى إثارة التعلم وتسهيل مهمة تحقيقه ويتضمن سلوك التدريس مجموعة من الأفعال التواصلية, والقرارات التي تم استغلالها وتوظيفها مقصودة من المدرس الذي يعمل باعتباره وسيطا في أداء موقف تربوي- تعليمي[١].

عناصر العملية التربوية:

١. المدخلات الخاصة بالعملية التعليمية وهي "المتعلم, المعلم, المنهج, الجهود, الوقت, التقنيات".
٢. العمليات وهي خبرات العملية التعليمية/ التعلمية.
٣. المخرجات وهي متعلم له شخصية متكاملة له القدرة على التعليم والتعلم المستمر.

(١) طرائق التدريس واستراتيجياته ص ٤٦-٤٧.

٤. توفير الشروط المادية والبيولوجية المهمة لتنمية عملية التعليم/التعلم وتطوير المتعلمين من الناحية الاجتماعية والانفعالية والعقلية والجسمية وجعلها من المهمات الرئيسة التي تؤدي إلى تحقيق الأهداف المنشودة عن طريق:

١) دراسة آخر ما وصلت إليه الأبحاث التربوية في الأبعاد الجسمية والمعرفية والاجتماعية والروحية المهتمه بخصائص المتعلم.

٢) دراسة المنهاج المتخصص بالمرحلة والتي يتولى المعلم تنفيذه.

٣) اكتساب المعلومات المفيدة والمهارات والمفاهيم والقيم التي تشكل معها المادة والموضوعات التي يتعلمها المتعلم في المراحل المتقدمة للعملية التعليمية.

٤) التخطيط المتوازن للتعلم بدءا من اشتقاق الأهداف التعليمية بما يتناسب مع أهداف المنهج المعدة مسبقا وحاجات المتعلم إلى خطة تقويم للتعلم لكي يحقق الأهداف المنشودة.

٥) توظيف التقنيات المناسبة للمرحلة.

٦) ممارسة الإدارة الصفية بصورة متقنة لتعزيز النظام داخل الصف من أجل توفير الجو المادي والنفسي المهمين لحدوث عملية التعلم في أي مرحلة.

٧) تنفيذ خطط التعلم والتعليم باستخدام أساليب فعالة وايجابية على سلوك المتعلمين لتحقيق الأهداف.

٨) التعرف على التقنيات الجديدة ذات العلاقة المباشرة بمسؤولية المعلم.

٩) الاهتمام بالنمو المهني للمعلم وتقويم أعماله بصورة ذاتية باعتبار المعلم العنصر الأهم في عملية التربية باعتباره نظاما مفتوحا

ومتكاملا وموجها ومرشدا للمتعلم لتحقيق الأهداف وكون المعلم ذو قدرة على تنفيذ المهمات التعليمية بكفاءة وفاعلية.

استراتيجيات التدريس:

تعرف استراتيجيات التدريس بأنها مجموعة الإجراءات والوسائل التي تستخدم من قبل المعلم ويؤدي استخدامها إلى تمكين التلاميذ من الافادة من الخبرات التعليمية المخططة وبلوغ الأهداف التربوية المنشودة[1]. وتأتي لفظة الاستراتيجية في باب الوسائل التي تقابل مفهوم المقاصد والغايات في السلوك والأفعال الاجتماعية.

وتعني الاستراتيجية خط السير للوصول إلى الهدف أو الاطار الموجه لأساليب العمل والدليل الذي يرشد حركته.

وتعني الاستراتيجية فن استخدام الوسائل لتحقيق الأهداف.

واستراتيجية التدريس تعمني مجموعة الأمور الارشادية التي تحدد وتوجه مسار عمل المدرس وخط سيره في الدرس لأن التدريس بطبيعة عملية معقدة تتداخل وترابط عناصرها في خطوات متتابعة, إذ أن كل خطوة تتأثر بما قبلها وتؤثر فيما بعدها, وعليه فإن استراتيجية التدريس أو استراتيجية التعليم تتكون من الأهداف التعلمية والتحركات التي يؤديها المدرس وينظمها ليسير على وفقها في عملية التدريس, فهي إذن تتضمن الأسئلة والمواقف التي يثيرها المدرس وتتضمن أيضا الأمثلة والتمرينات والمسائل والوسائل المؤدية إلى الأهداف وتتضمن أيضا التنظيم الصيفي واستجابات الطلبة والتخطيط وما إلى ذلك.

أن استراتيجيات التدريس تمثل مجموعة الاجراءات التدريسية المتعلقة بتحقيق مخرجات تعلمية مرغوب فيها.

(١) طرق التدريس العامة ومهارات تنفيذ وتخطيط عملية التدريس ص/١٨.

وهكذا فإن المهتمين باستراتيجيات التدريس وضعوا خمسة أنماط لهذه الاستراتيجيات وهي:-

أولا- الأهداف السلوكية ولها ثلاث وظائف أساسية هي:

أ- المساعدة على تحديد الاتجاه العام للمنهج وتحديد نوعية المواد التي ستعطى خلال تنفيذ المنهج.

ب- اعطاء توجيه خاص بطرائق التعلم والتعليم المناسب.

ج- توضيح وسائل القياس والتقويم التي يفضل استخدامها.

لقد حظيت الأهداف السلوكية باهتمام الأوساط التربوية ولعل مصدر هذا الاهتمام يعود إلى الفكرة التي تنادي بأن عملية التعلم والتعليم والتقويم تكون أكثر فاعلية عندما تتحدد الأهداف التعليمية وتصاغ سلوكيا, ولقد صنف (بلوم) الأهداف التربوية في المجال المعرفي وسمي (بتصنيف بلوم).

وقد سبقه (سكنر) في محاولاته في أسلوب التعليم المبرمج بتحديد دقيق لأهداف التعليم التي يمكن بها اعداد أطر البرامج الخاصة وسلسلتها في ضوء الأهداف النوعية. أما (تايلور) فقد صمم المناهج التعليمية التي أوضحت أن عملية تحديد الأهداف يجب أن تكون الخطوة الأولى في اعداد أي منهج ليمكن بها اختيار ميزات التعليم وتنظيمها في ضوء تلك الأهداف. أما (سكلاسر) فقد حدد مزايا عملية تحديد الأهداف بشكل سلوكي وعلى ما يأتي:

١. أن تحديد الأهداف التعليمية يوضح لمصمم المنهج والمعلم الكيفية التي يعملان بها.

٢. معرفة الطالب للأهداف تمنحه غرضا يسعى إلى تحقيقه وهذه المعرفة تكون بمنزلة الموجه والحافز له.

٣. يحتاج المعلمون بشكل متكرر إلى معلومات عن نتاج عملهم حتى يمكن أن يعدلوا عن ممارستهم على وفق ذلك.

٤. وجود الأهداف النوعية يظهر بوضوح نقاط الضعف بالعملية التعليمية.

أما (ديفز) فهو من الداعين إلى تحديد الأهداف بشكل سلوكي وأن كتابة أهداف سلوكية دقيقة يمكن ملاحظتها وقياسها ستصبح على درجة كبيرة من الأهمية فهي تساعد على:-

١. ازالة الغموض والصعوبات التي تحدث في عملية التعلم.
٢. تأكيد أن عملية القياس ممكنة, الأمر الذي يجعل من الممكن تقدير مدى جودة خبرات التعليم وفاعليتها.
٣. تمكين المتعلمين والطلاب من التميز بين أنواع السلوك المختلفة ومن ثم مساعدتهم على تحديد أفضل استراتيجيات التعلم لاستخدامها.
٤. التزويد بملخص كامل للمقرر الذي يمكن أن يكون مفهوما أو منظما متقدما للتعلم.

وهكذا فإن الأهداف السلوكية تأخذ مفهومها الدقيق من "أنها أهداف مصوغة بشكل قصير ومحدد وقابل للتحقيق وخاضع للقياس. ويمكن أن يترجمها الطالب بشكل سلوكي فهي تبين نتائج التعلم المرغوب فيها, وتحدد سلوك الطالب بمصطلحات واضحة مثل " أن يعرّف أن يبيّن, أن يعلل, أن يقارن, أن يفسر وما إلى ذلك".

وتساعد على تدريس الكتاب المدرسي بشكل فعال.,

ثانيا- المنظمات المتقدمة: وهي مواد تقديمية مناسبة وثيقة الصلة بالموضوع وتبلغ أعلى حد من الثبات والوضوح وتدخل في مقدمة مادة التعليم وتكون على مستوى عال من التجريد والعمومية والشمولية وضع أسسها (اوزوبل) من استراتيجيات ما قبل التدريس فهي تسهل عملية تعلم الطالب عندما يطلع مقدما على ما سيتعلمه.

إن المنظمات المتقدمة عبارة عن المعلومات المبنية بطريقة خاصة بحيث تتضمن أهم المفاهيم والمبادئ العامة أو الرئيسة المجردة والشاملة للمحتوى التعليمي المراد تعلمه لمساعدة المتعلم على استيعاب المعلومات وخزنها واسترجاعها وتطبيقها بطريقة صحيحة.

أما فوائد المنظمات المتقدمة فتنحصر في:-

١. أنها تساعد الطلبة على فهم المادة الدراسية واستيعابها لاستعمالها محاور ينظمون ويبنون على أساسها المعلومات والتفاصيل المتعاقبة.

٢. أنها تعد محاور تنظيمية تعين الطلبة على تذكر المادة بشكل أسهل واستعمالها في حياتهم اليومية بما هو مفيد.

٣. أنها تعين المدرس على انتقاء ما يفيد من معلومات وما يتعلق منها مباشرة بالموضوع تاركا التفاصيل الثانوية واجزاء الحقائق الأخرى جانبا.

ثالثا: الاختبارات القبلية:- والهدف من الاختبارات القبلية (التي هي مجموعة الأسئلة التي تغطي الموضوع الذي سيتعلمه الطلاب مما له صله بالمعارف أو المهارات التي سيكتسبها الطلاب) هو معرفة ما يمتلكه الطالب وهي سهلة تتصف بالموضوعية ويمكن أن تكون شفهية أو على شكل مقابلة أو اختبارات أداء وتبرز أهميتها في أنها:-

١. تحقق نوعا من التكرار الذي يعد أحدا أسس التعلم وشروطه.

٢. أنها تساعد الطالب على توقع ما ينبغي له أن يحقق ما هو مطلوب منه.

٣. أنها تدفع الطالب إلى قراءة المادة للاجابة عن الأسئلة التي ترد فيها وزيادة التحصيل.

٤. أنها تقلل من قلق الطلاب المصاحب للامتحانات وذلك لكثرة ما يتعرضون له من اختبارات قبلية في بداية كل درس.

٥. أنها تساعد المدرس على إعداد الدرس والتخطيط له.

٦. أنها تساعد المدرس على الكشف عن قدرات الطلاب وفي مراعاة الفروق الفردية بينهم فضلا عن تقويم المادة الدراسية وتطويرها.

رابعا: أسئلة التحضير القبلية: فهي مجموعة من الأسئلة المترابطة التي تغطي المادة الدراسية المطلوب تحضيرها وتعطي للطلبة قبل عملية التدريس لاثارة انتباههم للعناصر والأفكار الأساسية في المادة الدراسية المطلوب تعلمها.

إن أسئلة التحضير القبلية تتفق هي والفكرة التربوية الحديثة التي تؤكد اعتماد الطالب على نفسه في الوصول إلى المعلومات والحقائق. فالطالب يعالج المادة بنفسه ويعتمد على جهده الذاتي وتفكيره ونشاطه في الوصول إلى اجابات عن الأسئلة. وتشكل الأسئلة وازعا للطالب ليتعود الاعتماد على نفسه في الدرس والبحث وتقوية الدافع لديه على الاستمرار في ذلك. لأن استخدام أسئلة التحضير يساعد غلى توسيع عقول الطلبة وتنشيطها وايقاظ انتباههم وترقية ادراكهم وتثبيت المعلومات والموضوعات وبذلك يمكن تمرين القوى العقلية على النظر واستنباط الأحكام.

خامسا: الملخصات العامة: وهي تجعل المادة مألوفة لدى الطلبة وربطها بالجوانب الأساسية فيها والتركيز على المفاهيم والأفكار الرئيسة في المحتوى, وقد تصاغ على شكل قطعة مكتوبة أو مقروءة ويمكن استخدام الأشكال والصور والملخصات البيانية على شكل ملخصات بيانية أيضا وهي تكتب في الغالب بالأسلوب نفسه للمادة التعليمية لكنها تكتب بمفردات وتراكيب جميلة بسيطة ويشكل مباشر ومحدد.

يعود تأثير هذه الاستراتيجية إلى التكرار والتبسيط الذي تتميز به, فهي بمثابة تكرار للمادة وتبسيط موجز, مما يجعلها عنصرا فاعلا في المادة, فضلا عن أنها تعمل على ايصال الأفكار بشكل دقيق وقصير وواضح لتهيئة الطلاب لما سيعلمه لهم المعلم فهي:-

١. تعرف الطلاب بالمادة الجديدة لتعودهم على صلب المحتوى.

٢. أنها تؤكد المفاهيم الرئيسة والقواعد والمصطلحات الأساسية

٣. أنها تهيء الطلاب لمعرفة التركيب العام للمادة المطلوب دراستها[١].

المفهوم الإسلامي للتدريس:-

وقد سبق بيان مفهوم التدريس حيث قلنا بأنه مجموعة من الأنشطة ذات الجوانب والأبعاد المتعددة, أنه لا يتضمن المعلومات فقط ولكن يتضمن المعرفة والانفعال والحركة في تقديم المعارف والقاء الأسئلة والشرح والتفسير والاستماع والتشجيع والمناقشة والاقناع وحشد الأنشطة الأخرى[٢].

وأنها عملية مركبة تؤدي إلى تعلم فعال أو أنه اجراءات معينة تمثل سلوكيات المدرس, ثم يوضحان المقصود بسلوك المدرس فيقولان "سلوك المدرس هو كل ما يصدر من المعلم من أقوال وأفعال داخل البيئة الصفية بهدف تعديل سلوك المتعلمين"[٣].

(١) مناهج اللغة العربية وطرائق تدريسها – مخطوطة ص ٩٦- ١٠٦ بتصرف
(٢) التدريس المصغر برنامج لتعليم مهارات التدريس. د. محمد رضا بغدادي. مكتبة الفلاح الكويت ط١, ١٣٩٩هـ ١٩٧٩ ص /١٥.
(٣) التربية الميدانية وأساسيات التدريس د. مهدي محمود سالم والدكتور عبد اللطيف الحلبي, مكتبة العبيدكان, الرياض ط٢, ١٤١٩هـ – ١٩٩٨م. ص/٣٧.

وقد يرتبط مفهوم التدريس بدور المعلم لأن دور المعلم قد تغير حيث أصبح مسؤولا عن النمو الشامل للتلميذ وبناء شخصيته وتحسين تفكيره ومهاراته الاجتماعية وتزويده بالمعرفة واكسابه القيم[١].

وقد وضع الاسلام معايير خاصة للمدرس المسلم وضوابط خاصة بالتدريس ومقرراته التي يحل للمسلم دراستها واجادتها وحرمت عليه الكثير مما يبعده عن الصراط المستقيم. قال صلى الله عليه وسلم "من سلك طريقا يطلب فيه علما سلك إليه به طريقا من طرق الجنة, وأن الجنة تضع أجنحتها رضا لطالب العلم, وأن العالم ليستغفر له من في السموات والأرض والحيتان في جوف الماء, وأن فضل العالم على العابد كفضل ليلة البدر على سائر الكواكب, وأن العلماء ورثة الأنبياء, وأن الأنبياء لم يورثوا دينارا ولا درهما وإنما ورثوا العلم, فمن أخذه أخذ بحفظ وافر"[٢].

مهمة الرسول صلى الله عليه وسلم تتمثل بالآتي:-

١. ابلاغ رسالة الله إلى قومه.
٢. نصح قومه حتى يسيروا وفق المنهج السليم القويم الذي لا يحيد ولا يخرج عما جاء في رسالة الله تعالى وهي تعليمهم ما لا يعلمون من أوامر الله ونواهيه وهذه المهمة توضح مهمة المعلم أو المدرس في مدرسته, فهو يعلمهم المنهج المقرر, وهو الذي يكون قدوة لهم بل القدوة المثلى لهم في قوله وفعله وهو ينصحهم ويأخذ بأيديهم إلى طريق الحق بعيدا عن الشر, وهو الذي يعلمهم العلوم التي لا يعرفونها حتى تتسع معارفهم ومداركهم.

(١) قضايا ومشكلات حيوية في التربية العملية, د. نظلة حسن خضر. عالم الكتب. القاهرة ط١ ١٤١٥هـ/١٩٩٥م ص/١٠.
(٢) سنن أبي داوود بن الأشعث السجستاني, مراجعة محي الدين عبد الحميد, دار احياء السنة النبوية, القاهرة ج١ ص/٣.

وقد وضع الإسلام معايير خاصة للمدرس المسلم وضوابط خاصة بالتدريس ومقرراته التي يحل للمسلم دراستها واجادتها, وقد يعني مضمون التربية الإسلامية المفاهيم التي يرتبط بعضها ببعض في اطار فكري واحد يستند إلى المبادئ والقيم التي جاء بها الإسلام والتي ترسم عددا من الاجراءات والطرائق العلمية ويؤدي تنفيذها إلى أن يسلك سالكها سلوكا يتفق وعقيدة الإسلام[١].

التربية الاسلامية والتعليم الديني:

التعليم الديني- على رأي محمد صالح سمك- يقوم بناؤه على أسس من الموضوعات والدراسات المنهجية المشتملة على الآيات القرآنية والأحاديث النبوية, ومعرفة عقائد الدين والالمام بأحكامه في العبادات والمعاملات والأحوال الشخصية ودراسة السير والآداب والأخلاق الدينية.

أما التربية الدينية (الإسلامية) فتشمل غير ما سبق, وسائل أخرى منها:

القدوة الحسنة من جانب الآباء والمعلمين وغيرهم ووجود جو ديني صالح في البيت والمدرسة يساعد على تشرب الأخلاق الفاضلة والتمسك بالعبادات الدينية والقيم الروحية ووجود جو اجتماعي مهذب تعلو فيه كلمة الله ويحترم الدين وترتفع فيه شعارات العمل الصالح والخلق القويم والسلوك الفاضل في دور العبادة والصحافة والاذاعة ومسارح التمثيل ودور الخيالة وقاعات المحاضرات والاحتفالات العامة في الأعياد والمواسم وغيرها والملصقات واللافتات التي تعلق على الجدران وفي الأندية ودور النقابات المهنية والحرفية والمصالح والدواوين[٢].

(١) أساليب تدريس التربية الإسلامية, يوسف الحمادي, دار المريخ, الرياض ١٤٠٧هـ/١٩٨٧م ص/٢٢.

(٢) فن التدريس للتربية الإسلامية, محمد صالح سمك, طبعة مزيدة ومنقحة ١٤١٨-١٩٩٨, دار الفكر العربي, القاهرة ص /٢٥.

ومن خلال ذلك يجب أن يملك المعلم المسلم العلم النافع لغيره ولنفسه وعليه أن يقدم لغيره ما فيه خير له ويجب كذلك أن يكون عالما بعلمه مجيدا لعمله[1]. ويرى الامام الغزالي أن وظائف المعلم وآدابه تنحصر فيما يأتي:-

١. الشفقة على المتعلمين وأن يجريهم مجرى نبيه, قال رسول الله صلى الله عليه وسلم "إنما أنا مثل الوالد لولده" أو كما رواه ابن ماجة "إنما أنا لكم مثل الوالد لولده"[2].

٢. أن يقتدي المعلم بصاحب الشرع صلى الله عليه وسلم فلا يطلب على افادة العلم أجرا ولا يقصد به جزاء ولا شكلا بل يعلم لوجه الله تعالى وطلبا للتقرب إليه.

٣. الا يدع من نصح المعلم شيئا.

٤. أن يزجر المتعلم عن سوء الأخلاق بطريق التعريض ما أمكن وبطريق الرحمة لا بطريق التوبيخ.

٥. أن المتكفل ببعض العلوم ينبغي أن لا يقبح في نفس المتعلم العلوم التي وراءه كمعلم اللغة عادته تقبيح علم الفقه.

٦. أن يقتصر بالمتعلم على قدر فهمه ولا يلقي إليه مالا يبلغه عقله فينفره أو يخبط عليه عقله.

٧. أن المتعلم القاصر ينبغي أن يلقى إليه الجلي اللائق ولا يذكر له أن وراء هذا تدقيقا وهو يدخره عنه, فإن ذلك يفتر رغبته في الجلي ويشوش عليه قلبه.

(١) التربية الميدانية, فؤاد حسن حسين أبو الهيجاء. عمان/٢٠٠٣م ص ٢٣.

(٢) ابن ماجة, سنن أبن ماجة, تحقيق محمد فؤاد عبد الباقي مطبعة عيسى الحلبي ١٣٧٢هـ ج٢, ص ١٢١٦.

٨. أن يكون المعلم عاملا فلا يكذب قوله فعله لأن العلم يدرك بالبصائر والعمل يدرك بالأبصار

وأرباب الأبصار أكثر[١].

الكفايات التدريسية الواجبة في مجال وحدات التربية الإسلامية:-

أولا: مجال التجويد والتفسير

١. مراعاة أحكام التجويد

٢. تصحيح أخطاء المتعلمين أثناء التلاوة

٣. شرح أسباب النزول

٤. حسن استخدام مصادر التفسير

ثانيا: مجال الحديث والسيرة النبوية

١. التأكد من صحة الأحاديث التي تقدم للمتعلمين

٢. الالمام بالروايات المتعلقة بالحديث موضوع الدرس

٣. ربط الواقع المعاصر بما مضى من تاريخ الأمة

٤. معرفة مصادر الحديث المختلفة

٥. معرفة مصادر السيرة النبوية

ثالثا: مجال العقيدة والفقه والنظم

١. الاستدلال على وحدانية الله تعالى من خلال الظواهر الحسية

٢. ربط عقيدة المتعلمين بالهدف من ارسال الرسل

٣. الربط بين الأدلة العقلية والأدلة النقلية

٤. تعريف المتعلمين بمصادر الشريعة الإسلامية

٥. المقارنة بين النظم الإسلامية والنظم الوضعية[٢].

---

(١) التربية العملية - أهدافها ومبادؤها، عبد الرحمن صالح عبد الله. ص ٦٤ نقلا عن الامام أبي حامد الغزالي في كتاب احياء علوم الدين (وظائف المعلم وآدابه).

(٢) المرجع في تدريس علوم الشريعة ص/٣٤٦-٣٤٨ (بتصرف).

استخدام التقنيات والوسائل التعليمية في تدريس التربية الإسلامية:-

بدأت في الربع الأخير من القرن الماضي استخدام التقنيات الحديثة في التعليم، كالشفافيات والحاسوب والإنترنت وكل ما ظهرت تقنية جديدة أخذ التعليم بها. وهذا لا يعني أن الإسلاميين لم يستخدموا تقنياتهم في التعليم سابقا، ولكن تقنياتهم آنذاك كانت محدودة وبقيت محدودة حتى ظهور هذه الوفرة من التقنيات والتي أصبح من المتيسر استخدامها في المدارس والمعاهد والجامعات، ويجب ألا يغيب عن بالنا أن الكثير من دول العالم الثالث والتي تسمى (النامية) هي لا زالت في دور النمو، وهذا يعني أن بعضها يستخدم من التقنيات القليل وبعضها محروم منها أصلا ويعتمد على الطرق القديمة أو البدائية في التعليم. وعدم استعمالها لا يلغي الفهم لدى الطلبة ولا تكوين الميول ولا اثارة الدافعية والتشويق لديهم ، بل بالعكس فإننا نرى أن استخدام التقنيات الحديثة إن لم يصاحبه توجيه وتركيز فإن البعض قد يسيء استخدامه. وقد ثبت في بعض الأحيان أن استخدام الآلة الحسابية قد لا تنمي القدرة على الحساب عند يعض المتعلمين. "ويقصد بالوسيلة التعليمية جميع الأدوات والمواد والأجهزة التعليمية والطرق المختلفة التي يستخدمها المعلم بخبرة ومهارة في المواقف التعليمية لنقل المحتوى التعليمي الإسلامي أو الوصول إليه بجهد أقل ووقت أقصر وتعلم أفضل, أما مفهوم تقنيات التعليم فأصبح يطلق على عملية الافادة من المعرفة وطرق البحث العلمي في تخطيط وحدات النظام التربوي وتنفيذه كل على انفراد وككل متكامل بعلاقته المتشابكة, بهدف تحقيق سلوك معين في التعليم بالاستعانة بكل من الانسان والآلة, وتؤكد التقنية التربوية الحديثة على معنيين: أهمية معينات التدريس من أجهزة وأدوات . والتأكيد على البرامج والمواد التعليمية ومن خلال ذلك يتم تطبيق مبادئ سيكولوجية التعلم ونظرياته وغيرها لتشكيل السلوك المرغوب[1]".

(١) تدريس التربية الإسلامية للمبتدئين ص /٣١٦.

أما أهم الوسائل والتقنيات التعليمية التي يمكن استخدامها في تدريس التربية الإسلامية فهي:-

١- التسجيلات الصوتية, حيث من خلالها تقدم النماذج الجيدة للأداء القرآني, وتستخدم كذلك في حصص التجويد والتفسير على ألا تغني عن تلاوة المعلم. لأنه المؤثر الأول على المتعلمين. فالتسجيلات الصوتية وسيلة ملائمة للتدريب الصوتي وتنمي مهارات الاستماع لدى المتعلمين ويتيح للمعلم فرصة أفضل للتركيز على أداء الطلبة في التلاوة ومواجهة الفروق الفردية في القدرة على التلاوة, ويمكن للمتعلمين الاستعانة بالأشرطة في أي من الأوقات التي يشاؤونها ليعيدون سماع الدروس ويتأكدون منها.

٢- المختبر اللغوي ويتعلم فيه الطلبة المهارات اللغوية بصورة فردية ويوفر المختبر اللغوي فرصة الاستماع إلى قراءات نموذجية وتنمية مهارات الاستماع.

٣- البرامج الاذاعية والتلفزيونية والصحف الدينية, ويمكن الافادة منها في ضوء معرفة المعلم بهذه البرامج.

٤- الصور والخرائط والمصورات والرسوم التخطيطية واللوحات والبطاقات والرسوم التوضيحية والنماذج والعينات.

٥- أفلام الفيديو التي يمكن استخدامها لتحقيق أثر تربوي كبير في عرض دروس في السيرة والعبادات كالصلاة والوضوء والحج, وتفضل مناقشة الأفلام بعد العرض, ويعد عامل التشويق من المؤثرات النفسية لدى المتعلمين فيه, وتوفر هذه الوسيلة امكانية الاعادة والتكرار لتوضيفها في الفهم والتأكيد.

٦- الشرائح والشفافيات التي يمكن استخدامها في التهذيب والنصوص الدينية المختلفة.

٧- السبورة, وهي من الوسائل التقليدية ويفضل حسن استخدامها من قبل المعلم.

٨- استخدام القصة وضرب الأمثال وهي من الوسائل التقليدية التي لا زال المتعلم يتأثر بها.

٩- استخدام الحاسوب في التربية الإسلامية حيث يسهم في التعليم والتـدريب والارشـاد الفـردي, ويمكن استخدامه في تعليم المفاهيم الدينية والعبادات وتنمية المهارات والتعريف بـبعض الأنشطة الطلابيـة الصفية وغير الصفية التي تتناسب مع قدرات المتعلمين وتنمية القدرات والاتجاهات والقيم المرغوبـة وفي الألعاب التعليمية الدينية كالعبر والمثابرة وربط النتائج بمسبباتها وتوسيع دائرة الثقافة الإسلامية. وقد أثبت الحاسوب قدرته في تعليم القرآن الكريم والحديث الشـريف مـن خـلال حسـن اسـتخدامه وخبرة القائمين على التعليم من خلاله. ويساعد الحاسوب على التغلب على مشكلة نقص المعلمين المؤهلين في التربية الإسلامية في وقت يزداد فيه عدد المتعلمين[1].

إن التقنيات الحديثة تشبع الكثير من حاجات المتعلمين وتثير اهتماماتهم نحـو موضوعـات الدراسـة كما تتيح آفاقا جديدة من المعرفة واتباع أسلوب التفكير العلمي للوصول إلى حل المشكلات ورفع مسـتوى الأداء عند المتعلمـين جـراء تحسـين نوعيـة الـتعلم بالتقنيـات الحديثـة, ويتيح تنـوع الوسـائل التعليميـة المستخدمة في العملية التربوية مجالا أوسع لاثراء الخبرات المقدمة ويؤدي إلى تعلم ذو أثر مستمر. كـما أن تنوع الوسائل يزيد من أساليب التعزيز, ويثبت الاستجابة الصحيحة.

إن إعداد المادة التعليمية من خلال دائرة التلفزيون المغلق في المؤسسة التربوية وانتاجها وعرضها على شكل عمليات ذات خطوات منطقية ومتسلسلة تساعد المتعلم على ترتيب أفكاره وعلى حسن فهم المـادة التعليمية.

---

(١) تدريس التربية الإسلامية للمبتدئين ص/٣١٦-٣٢٣ (بتصرف).

ويؤدي استخدام الوسائل التقنية الحديثة وما يصاحبها من مؤثرات حركية وصوتية وجمالية وأساليب حديثة في الاخراج، إلى تعديل السلوك وتنمية الاتجاهات التي تتماشى مع المتغيرات التي يمر بها المجتمع[1] مع الاحتفاظ بأصالة التربية الإسلامية وتعميقها في النفس.

معايير اختيار طريقة تدريس التربية الإسلامية:-

يعتمد اختيار طريقة تدريس التربية الإسلامية على عوامل ومتغيرات يتحدد بموجبها اختيار المعلم لطريقة تدريسه وهي:-

١. طبيعة المتعلمين:- إذ يجب أن تكون طريقة تدريسه:-

أ- مناسبة لمستوى المتعلمين

ب- مجدية في جذب انتباههم

ج- قادرة على تنشيط أفكارهم

د- مناسبة لخبراتهم السابقة

هـ- مراعية الفروق الفردية بينهم

٢. خبرة المعلم:- إذا أن لكل معلم

أ- أسلوبه الخاص به في التدريس

ب- طريقته التي تناسبه في التعليم

ج- فلسفته التربوية الخاصة به والتي يستخدمها

د- كفاءته ومهاراته وشخصيته القيادية

٣. الهدف التعليمي:- فلكل هدف من الأهداف

أ- طريقة خاصة بتدريسه.

(١) الاتصال التربوي وتكنولوجيا التعليم ص/١١٧-١١٨.

ب- مقدار تأثير على قرارات المعلم المتصلة بالطريقة التي يتبعها لتحقيق الأهداف.

ج- ما يختلف به عن غيره مـن الأهـداف أو مـا يتفـق معهـا فطريقـة التـدريس التـي تستخدم في تدريس المعلومات أو الحقائق تختلف عن الطريقة التي تتبع في تـدريس المفـاهيم أو تكوينها لديهم.

د- اتباع ما يتفق مع الهدف ... فإذا كان المعلم يهدف إلى إكساب التلاميذ بعض المفـاهيم أو تكوينها لديهم يستخدم المعلم التعليم عن طريق الاكتشاف كمدخل في التدريس وإذا كـان يهـدف إلى تحصـيل المتعلمـين مقـدارا مـن الحقـائق فيمكن أن يستخدم طريقـة الالقـاء أو القـراءات الخارجية[1].

٤.   طبيعة المادة:- فيجب على المعلم أن:-

أ- يتعرف على محتوى المادة الدراسية.

ب- يتعرف على مستوى صعوبتها.

ج- يتعرف على نوع العمليات التي يتطلبها فهـم هـذا المحتوى قبـل التخطيط لطريقـة تدريس معينة.

د- يجب أن تتلاءم الطريقة مع محتوى المادة الدراسية.

مميزات الطريقة الجيدة في تدريس التربية الإسلامية:-

الطريقة الجيدة في تدريس التربية الإسلامية لها مميزاتها التي تتميز بها عـن غيرهـا مـن الطرق ويمكن تحديدها بنقاط منها:-

أ- أنها تراعي المتعلمين ومراحل نموهم وميولهم.

ب- استنادها على نظريات التعلم وقوانينه.

ج- أنها تراعي خصائص نمو التلامذة الجسيمة والعقلية.

---

(١) طرق التدريس العامة ومهارات تنفيذ وتخطيط عملية التدريس ص ٨١/٨٠ بتصرف.

د- أنها تراعي الأهداف التربوية التي نرجوها من المتعلم.

هـ- مراعاتها الفروق الفردية بين المتعلمين.

و- مراعاتها لطبيعة المادة الدراسية وموضوعاتها[1].

صفات معلم التربية الإسلامية:-

يجب على معلم التربية الإسلامية أن يتمتع بصفات عديدة حتى يكون أهلا لتدريس مادة القرآن الكريم والسنة النبوية الشريفة وبقية مفردات التربية الإسلامية, وكل الصفات التي سنأتي إلى ذكرها ستكون بالنسبة للمتعلمين أساسا لاعتبار معلم التربية الإسلامية قدوة للمتعلمين, وهو الهدف الذي تسعى له ويجب أن يتمثل المعلم مبادئها وإلا فإنه سيكون من الذين قال الله فيهم (يَا أَيُّهَا الَّذِينَ آمَنُوا لِمَ تَقُولُونَ مَا لَا تَفْعَلُونَ (2) كَبُرَ مَقْتًا عِنْدَ اللَّهِ أَنْ تَقُولُوا مَا لَا تَفْعَلُونَ)[الصف:٢-٣] والمتعلمون يجعلون من المعلم الذي تتمثل به هذه الصفات قدوتهم وإلا فإنه لن يكون صالحا لمفهوم القدوة إن لم يتمثلها.

أما الصفات فهي:-

١- الصفات الايمانية: وهي:-

أ- الثقة بالله تعالى وبما شرعه

ب- التقوى قال تعالى : (إِنَّ أَكْرَمَكُمْ عِنْدَ اللَّهِ أَتْقَاكُمْ)[الحجرات:١٣]

ج- الاخلاص

---

(١) المصدر السابق نفسه ص/٨١ بتصرف.

٢- الصفات الخلقية: وهي:-

أ-الصدق

ب- العدل والموضوعية

ج- الصبر

د- الأمانة

هـ- الرحمة

و- التواضع

٣- الصفات النفسية:- وهي:-

أ- الاطمئنان بذكر الله تعالى : (أَلَا بِذِكْرِ اللَّهِ تَطْمَئِنُّ الْقُلُوبُ)[الرعد:٢٨]

ب- الاتزان.

ج- المرح والدعابة إضافة إلى جدية العمل.

٤- الصفات العقلية:- وهي:-

أ- الذكاء

ب- القدرة على الابتكار

ج- سعة الأفق

د- القدرة على النقد البناء

٥- الصفات الجسمية: وهي:-

أ- الصحة والقوة . قال تعالى (إِنَّ خَيْرَ مَنِ اسْتَأْجَرْتَ الْقَوِيُّ الْأَمِينُ) [القصص:٢٦].

ب- الهيئة الحسنة احتراما لما يقوم به من تدريس القرآن الكريم وتلاوته ولبقية مفردات التربية الإسلامية, ليكون قدوة للمتعلمين.

أسئلة اختبارية

س: ما معنى التدريس؟ وما معنى التعليم؟ قارن بينهما.

س: اشرح عملية التدريس, واذكر ما يمكن تحقيقه بها.

س: يقال إن التدريس علم وفن... اشرح ذلك.

س: ماذا تتطلب موهبة التدريس من أمور؟

س: اذكر اتجاهات التدريس

س: اشرح نظرية جيروم برونر في التدريس

س: اشرح نظرية ديفيد أوزوبل في التدريس

س: ما هي الأساليب التي يستخدمها المعلم لربط المعلومات عند أوزبل؟

س: كيف ينظر روبرت جانييه إلى التدريس, اشرح ذلك باختصار.

س: ما هي أهم الأساسيات في التدريس؟

س: هنالك أربعة متطلبات للتدريس. اذكرها واشرحها.

س: كيف تتم إدارة المعلم للصف؟ وما هي أهدافه الصفية؟

س: هنالك مداخل وأنماط للتدريس تابعها وناقشها.

س: عدد عناصر العملية التربوية. واشرح واحدة منها.

س: اشرح استراتيجيات التدريس.

س: ما معنى الأهداف السلوكية؟ اشرحها.

س: ما هي مزايا عملية تحديد الأهداف السلوكية؟

س: اشرح المنظومات المتقدمة.

س: ما هو الهدف من الاختبارات القبلية في عملية التدريس؟ وما هي أسئلتها؟

الوحدة الخامسة

طرق التدريس

عزيزي الطالب

في هذه الوحدة سنكون في الواجهة مع بعض النماذج التدريسية لفروع التربية الإسلامية المختلفة وبالأساليب التدريسية المتنوعة.

المهم أننا سندرس مفهوم الطريقة والفرق بين الطريقة التعليمية والأسلوب التعليمي حتى لا يتم الخلط بين المصطلحين. ثم أهداف هذه الطرق في مجال التربية الإسلامية.

تمهيد

هنالك جملة حقائق لابد من أخذها بنظر الاعتبار حين التفكير بتصميم طرق تـدريس وحدات التربية الإسلامية.

الأولى:- إن البلدان العربية متفاوتة من حيث القدرة المادية فما يتوفر في التعليم في هذا البلد قد لا يتوفر في بلد آخر نظرا للظروف المادية الكثيرة. فعلى سبيل المثال فإن أجهزة الكومبيوتر والانترنت التي تتوفر بكثرة في المدارس المنسوبة إلى بلد غني وخاصة في المدارس الابتدائية (الأساسية) والثانوية, فإن البلدان العربية الفقيرة لم تصل إلى حد توفيرها في التعليم العالي. لذلك فإن تصميم البرامج التعليمية, إما أن يتم قطريا أو أن تعمم الـدروس الممكنة في المنطقتين ثـم برمجة أخرى تضاف في البلدان الغنية.

الثانية: إن الدروس التي تصمم بموجب الامكانات المادية المتوفرة في بعض البلدان. يتأثر مؤلفوها بما موجود في البلدان الغربية المتقدمة تقنيا- فيتحدث المؤلفون عن التعليم لـدينا وكأننا جزء من تلك البلدان متناسين خصوصياتنا وشخصيتنا وهويتنا التي يمكن أن تتأقلم بشكل أو بآخر لا أن تندمج.

الثالثة: إن الترف الذي وصل إليه الغرب. بدأ يهتم بالانسان الفرد بشكل بـات يهتم بكل خطواته. لذلك كثرت وقد عرفها شاكر محمود الأمين بأنها أداة فعالة مـن أدوات تحقيق الأهداف التربوية والتي من خلالها يتحقق الهدف المركزي للدولة من التربيـة والتعليم ونهجها التربوي, وتتضح الحاجة إلى الطريقة من كونها الأسلوب الذي يتبعه المعلم ومن خلاله يمكن احداث التعلم لدى المتعلمين.

أما (كود) فقد عرفها بتعريفين الأول أنها تعتبر تنظيم متوازن يقوم على أساس عقلي في ضوء معرفة العناصر الجديدة التي تدخل في العملية التربوية وهدفها.

أما المعنى الثاني فيقول بأن طرائق التدريس تمثل عملية أو نشاطاً يهدف إلى عرض المادة التعليمية ومحتوى النشاطات.

وقد عرفها د. عبد الرحمن عبد السلام جامل بأنها الكيفية أو الأسلوب الذي يختاره المعلم ليساعد المتعلمين على تحقيق الأهداف التعليمية السلوكية, وهي مجموعة من الاجراءات والممارسات والأنشطة العلمية التي يقوم بها المعلم داخل الفصل بتدريس درس معين يهدف إلى توصيل معلومات وحقائق ومفاهيم لتلاميذ.

ويحتاج المعلم في هذا الشأن أن يكون قادرا على تقديم واثارة الاهتمامات والشرح والتمهيد والتوضيح والاستماع واختيار الاستجابات المناسبة من التلاميذ وتلخيصها وهي عمليات أساسية لابد أن يقوم بها المعلم, وتعتمد على خبرته وتجاربه وإعداده وتأهيله وابداعه[1].

المدارس الخاصة اضافة إلى ما هو موجود في المدارس العمومية:

وقد شهدنا تقدما مثل هذا في المملكة الأردنية الهاشمية. إلا أن ذلك لا ينطبق على كثير من البلدان العربية فكثرة التلامذة لا تفسح المجال كثيرا للتعليم المفرد أو الاهتمام الجاد بالفروق الفردية التي سعت إليها التربية الإسلامية قبل سعي الغرب إليها, ولا أن تهتم بضروب الانماط التعليمية التي ندرسها في كتب طرق تدريس التربية الإسلامية. وخاصة إذا ما أخذنا بنظر الاعتبار ما يأتي:-

---

(١) طرق التدريس العامة ومهارات تنفيذ وتخطيط عملية التدريس ص/٧٩.

١) أن دروس التربية الإسلامية قد باتت دروسا جانبية لا تشكل الأساس مع الدروس الأخرى وخاصة
العلمية والتقنية التي تتزاحم في المناهج الدراسية العامة.

٢) إن الاهتمام التقني قد بدا في الدروس العلمية قبل الدروس الانسانية خاصة وأن تلك الـدروس
لابد من ملاحقة الجديد الذي يتسارع في الغرب للوصول إليه والاحاطة بـه. فـالأجهزة والوسائل
التعليمية الحديثة تفيد في ذلك بـل تكون أكـثر مـن ضرورية إذا قيسـت بالـدروس الانسانية
الأخرى والتي ثبت من خلال (مراوحة) المدارس الحكومية في البلدان العربية المختلفة في مكانها.
والتي لا زالت تدرسها على النمط القديم دون ادخـال أي مـن التقنيـات الحديثة إليها. وحتـى
البلدان العربية المتقدمة تربويا فإن الحديث في التقنيات الحديثة والوسائل الجديدة لا زال ترفا
فما يطبق منه في مدرسة أهلية, يتعذر تطبيقه في المدرسة الحكومية.

٣) هذا بالطبع لا يعني عدم استخدام التسجيلات أو الكمبيوتر أو الشفافيات أي الوسائل التعليمية
الحديثة في تدريس التربية الإسلامية. ولكن يجب عدم التعميم في ذلك لأن أكثر البلدان العربيـة
لا زالت بعيدة عن استخدامها للظروف المادية أو لمـدى تقبل السـلطات التعليميـة لمثل هـذه
التطورات. خصوصا إذا مـا أخذنا بنظر الاعتبار أن العقليـة التقليديـة لا زالـت سـائدة في أكـثر
البلدان العربية والتي تحتاج إلى كثير من الاقناع والتدريب لتقبل هذا التطور خاصة إذا ما أردنا
عدم الفصل ما بين تدريس الانسانيات والعلميات الصرفية حيث أن كثيرا من الأجهزة والتقنيـات
والوسائل التعليمية المسـتخدمة في المجـالات العلميـة, أصبحت صـالحة الاسـتخدام في تـدريس
الجغرافيا والتاريخ والتربية الإسلامية خصوصا, فقد ثبت صلاحية استخدام الوسائل التقنيـة في
تدريس التلاوة والتفسير والحديث والسيرة والفقه والعقيدة. ولكن البون لا زال شاسعا مـا بـين
العقليات التقليدية والمعاصرة أو

ما بين الدول المستطيعة على الانفاق على مثل هذه الوسائل والبلدان التي يتعذر عليها ذلك سواء لأسباب مادية أو لحاجات تدريبية وعلى كل حال, فأنماط التعليم وأساليب التدريس معروفة لدى المسلمين سابقا.

هذا وأن كل الكتب التعليمية أو التربوية القديمة لا زالت مصادر غنية وجيدة بالنسبة للتربية الإسلامية, يستقي منها معرفة المسلمين بما نراه جديرا في عالم الغرب اليوم. وإن اختلفت الوسائل التعليمية تحت ظروف التقدم التقني.

مفهوم طريقة التدريس:-

الطريقة سلسلة اجراءات لتحقيق الأهداف[١] بل إنها من أكثر العناصر تحقيقاً لها وهي جزء من العملية التعليمية, الأهداف, المحتوى طرائق التدريس, التقويم وترتبط بهم ارتباطا وثيقا. تصلح لتعليم جميع أنواع المواد. وجميع أنواع المستويات. وهي إما أن تقوم على جهد المعلم أو على جهد المتعلم أو جهدهما معا. وهي وسيلة لايصال المحتوى, وتؤثر تأثيرا مباشرا في اختيار الأنشطة والوسائل التنظيمية.

ففي الطرق القديمة التقليدية نجد أنها تحقق المنهج بمفهومه التقليدي بحيث أن دور الطالب يكون فيها متلقيا للمعلومات. أي أن عقله يكون وعاءً وما على المعلم إلا أن يحشو هذا الوعاء بالمعلومات بالقدر الممكن من المعلومات لأن المنهج بمفهومه التقليدي يركز على المعرفة ويهتم بملىء عقل الطالب بها[٢].

أما الطرق الحديثة فإنها تركز على اكساب المتعلمين خبرات وأنشطة ضرورية في عملية النمو (التعليم/ التعلم) وأن تكون هذه الخبرات والأنشطة مخطط لها على نحو علمي فالمجتمع تسوده عادات وتقاليد وقيم اجتماعية. يهتم المنهج

---

(١) طرائق التدريس واستراتيجياته ص/١٠٣.

(٢) فلسفة المنهج الدراسي ص/١٤٧

الحديث باكساب المتعلمين فيه هذه العادات والقيم والاتجاهات, وتوجيه سلوكه نحو ما هو غريب[١].

وقد عرف رونالد . ت هايمان, طريقة التدريس بأنها "نمط أو أسلوب - يمكن تكراره- في معاملة الناس والأشياء والأحداث موجها - توجيها مقصودا وواعيا- نحو تحقيق هدف ما[٢].

وفي هذا التعريف جملة ملاحظات منها:

١) إن أسلوب الفرد الذي يتصف به هو جزء من شخصيته.

٢) أنه يكرره في المواقف المتشابهة إذا كانت الظروف والمواقف متماثلة وقد يعدل عنه إذا تغيرت. أو في حالات خاصة.

٣) إن الفرد يسلك أي سلوك لتحقيق غرض أو وظيفة معينة.

٤) إن سلوكه لابد أن يقوم على ادراك وفهم وقصد ليس عشوائيا وقد عرفها د. حسن معوض يقوله "الطريقة في المجال التعليمي هي نمط أو أسلوب يمكن أن يتكرر في ظروف متشابهة عند التعامل في المواقف التعليمية وموجه بقصد نحو تحقيق هدف أو أهداف تعليمية وعرفها د. عبد الرحمن جامل بقوله "الطريقة هي الاجراءات التي يتبعها المعلم لمساعدة تلاميذه على تحقيق الأهداف وقد تكون تلك الاجراءات مناقشات أو توجيهات أسئلة أو تخطيط المشروع أو إثارة لمشكلة تدعو التلاميذ إلى التساؤل أو محاولة لاكتشاف أو فرض فروض أو غير ذلك من الاجراءات وهي أداة أو وسيلة أو كيفية يستخدمها المعلم في توصيل محتوى المنهج للدارسين في أثناء قيامه بالعملية التعليمية[٣].

---

(١) المصدر السابق- بتصرف-

(٢) طرق التدريب (هايمان) ص/٣٦.

(٣) أساسيات التدريس. مهاراته وطرقه العامة ص/١٧١-١٧٢ بتصرف.

أما الدكتور فؤاد حسن أبو الهيجاء فيعرفها بأنها نمط تعليمي أو تدريسي يتخذه عامة المعلمين في مواقف تعليمية معينة, وقد يستبدلونه بنمط آخر إذا تغير الموقف التعليمي إلى موقف آخر [1].

وقد تصلح الطريقة في مستوى معين وتفشل مع مستوى آخر كما أن الطريقة قد يجري عليها المعلم اضافة أو تعديلا وقد يزيدها ذلك تحسينا أو إساءة, ومن هنا يظهر الفرق بين معلم ومعلم حتى إذا اتخذا طريقة واحدة لمعالجة موضوع معين. ولتنوع طرق التعليم لابد من أخذ ما يلي بنزر الاعتبار عند وضع استراتيجية معينة أو طريقة معينة للتدريس:

١) لابد من أخذ طبيعة التلامذة بنظر الاعتبار.

٢) لابد من أخذ طبيعة المادة التعليمية بنظر الاعتبار أيضا

٣) معرفة الأهداف التي يسعى لتحقيقها

٤) معرفة طبيعة الوسائل وأخذ الموجود منها بنظر الاعتبار

٥) التعرف على الخطط التعليمية

٦) معرفة طبيعة الاختيارات والتقويم

إن طرائق التدريس وأساليبه, هي تلك الفعاليات التي يجدر بالمعلمين أن يسيروا عليها لتحقيق أهداف المناهج, وهي تستهدف التعليم الفعال الذي يحقق الأهداف برضى واقتناع وعلمية ويسر على الطلبة والمعلمين أيضا. وتستهدف أيضا إثارة دافعية المتعلمين وتحفزهم على تحقيق مزيد من الاهتمام بالمواد التعلمية المختلفة.

ويتبع المعلمون أساليب كثيرة ومتنوعة بما يتناسب وطبيعة الطلبة في أية مرحلة ومستوى الطلبة العلمي والثقافي مما يستدعي من المعلمين تنويع طرائق

---

(١) المصدر السابق ص/١٧٢.

التدريس وأساليبها (نسبة لمستوى المرحلة التعليمية) واتباع الطرائق التي تسمح للمتعلم للاشتراك في الدرس. وتختلف الأساليب والطرائق نسبة للمرحلة فما يتبع في التعليم الأساسي الأول غير ما يتبع في الأساسي المتقدم أو في المرحلة الثانوية. وعلى كل حال فطريقة التدريس والأسلوب يساعدان المتعلم- في أية مرحلة- على الوصول إلى الغاية التي وضعت من أجلها المادة الدراسية وفيها يثير المعلم القضايا التي ترد في تفكير الطالب في أثناء دراسة المادة المقررة.

وبعض الأساليب يتشارك الطلاب مع المعلمين في تحقيق الأهداف الموضوعة للدروس. ومن تلك الأساليب أسلوب المناقشة والحوار وأسلوب الندوة التي يدير فيها طالبان أو أكثر ندوة معينة، وقد تكون هذه احدى طرق التعلم التعاوني وكذلك أسلوب المحاضرة وأسلوب البحث للمراحل التعليمية المتقدمة كالثانوية والتي يرشد المعلم فيها طلابه إلى استخدام الكتب غير المقررة مما يغني المادة الدراسية المقررة، وقد يكون أسلوب البحث هذا فرديا أو مشروعا أو جماعيا. وهناك أسلوب طريقة المشروع واصدار الأحكام بلغة الطالب بعد توصله إلى قاعدة معينة.

المهم أن يراعي المدرس جملة أمور منها:

١.   الحرص على تحليل الأفكار وربطها بالواقع الاجتماعي والثقافي وتوظيفها في الحياة العملية.

٢.   حفز الطالب على تقبل الرأي الآخر تقبلا ايجابيا ومناقشته بموضوعية وهدوء.

٣.   تعويد الطالب على المبادرة في طرح الأفكار الجديدة التي تثيرها المادة التعليمية ومناقشتها بروح علمية جادة.

٤.   التركيز على عمليات التفكير العليا مثل التحليل والتركيب والتقويم.

٥.   مراعاة المنحى العلمي التجريبي في فهم المواد التدريسية المختلفة.

٦. ربط المادة التعليمية بالخبرات السابقة لدى المتعلمين والافادة منها.

٧. تعويد الطلبة على تنظيم أفكارهم واستنتاج القواعد والقوانين من النصوص المختلفة واستخلاصها من المقدمات[١].

الطريقة التعليمية والأسلوب التعليمي:

الطريقة كما تبين, نمط عام يتخذه عامة المعلمين في موقف تعليمي معين.

أما الأسلوب: فهو سلوك يتخذه المعلم دون الآخرين ويصبح سمة له خاص به.

ويرى فؤاد أبو الهيجاء أن أسلوب معلم ما لا يمكن أن يماثل أسلوب معلم آخر بنفس الدرجة, فإن تماثلا في شيء فإنهما سيختلفان في أمور أخرى[٢].

ويضرب الدكتور أبو الهيجاء مثالا على ذلك فيقول: "ولنقل أن أحد المعلمين يجب أن يدرس بطريقة المحاضرة مثلا وأن الآخر يحب نفس الطريقة, لكن الأول يجب أن يمهد لها وهو جالس فوق المنصة ثم بعد ذلك يقف ليقدم بعض الأنشطة أو الشروحات, ثم يقوم بكتابة بعض الأفكار على السبورة, ثم يقدم بعض المعلومات على شبكة الانترنت ثم يوجه إلى تلاميذه سؤالا أو سؤالين أو يجري مناقشة, ثم يعود إلى محاضرته ليقدم منها افكارا جديدة ثم يجلس على كرسيه فترة من الزمن ليعرض على جهاز العرض العلوي بعض المعلومات المكتوبة على شفافيات أعدها, وكان المعلم يبتسم أحيانا ويقدم دعاية أحيانا أخرى, ويشير بيديه ويكون صوته ارتفاعا وانخفاضا وسكوتا أحيانا, كأن يستعمل أسلوب الاستفهام أحيانا وأسلوب التعجب في أحيان أخرى, كان يوجه نظره يمنة ويسرة وأماما وخلفا.

بينما قدم المعلم الآخر محاضرته وظل واقفا منذ بداية المحاضرة وحتى نهايتها, لم يكتب على السبورة, استعمل لوحة في عرض معلوماته كان ينظر دائما في وسط

(١) مناهج اللغة العربية وطرائق تدريسها ص ١٩٦-١٩٧ بتصرف.

(٢) أساسيات التدريس ومهاراته وطرقه العامة ص /١٧٣ بتصرف.

القاعة, ظل وجهه عابسا, أحس بملل الطلاب فلم يعرهم اهتمامه, ظل يتحدث وبطلاقة حتى انتهى زمـن المحاضرة, فخرج قبل أن يخرج تلاميذه"[1].

فهنا لابد من ملاحظة أن كلا المعلمين قد درسا نفس الموضوع إلا أنها اختلفا بأسلوب التقديم أو التدريس, لنصل إلى أن الأسلوب هو صفة المعلم وسلوكه وخصائصه الشخصية التي تتكرر معه في كـل محاضراته أو في أي طريقة يتخذها.

إذن فمن الصعب جدا أن تحدد طريقة واحدة لجميع المعلمـين أو المدرسـين ولجميـع المتعلمـين وللمـواد المختلفة الكثيرة وذلك للعوامل الآتية:-

١. اختلاف خصائص التكوين النفسي للمتعلمين

٢. اختلاف موضوعات التدريس

٣. تعدد الأهداف

٤. الاختلافات في الوسائل التعليمية بين مكان وآخر

٥. اختلاف البيئات الخارجية المؤثرة على رغبات المتعلمين وحاجاتهم ودوافعهم.

أهداف طرائق التدريس:

تهدف طرائق التدريس إلى تنظيم المواقف التعليميـة بمـا يـؤدي إلى تنميـة القـدرة عـلى الـتعلم وتمكين المتعلمين من ممارسته اعتمادا على جهودهم الذاتيـة لتنميـة شخصـياتهم بكافة جوانبها, وهـذه المواقف التعليمية تقوم على تواصل فعال وحوار نشط بين المتعلم والمعلم بعيدا عـن التلقـين, يقـوم فيهـا المعلم بدور الهداية والتوجيه وتنمية اهتمام المتعلم وبواعثه على التعلم وتمكينه من الاقبال عليه بشـوق ورغبة ومن استثمار قدراته في مواجهة مشكلاته وتنمية القدرات والاتجاهات والقيم الملائمة لها وتطوير شخصية المتعلم[2].

---

(١) أساسيات التدريس ومهاراته وطرقه العامة ص/١٧٣.

(٢) تعليم الدين الإسلامي بين النظرية والتطبيق ص/٥٦.

طرق تدريس التربية الإسلامية

وكما رأينا فإن معنى الطريقة هي الكيفية أو الأسلوب الذي يختاره المدرس ليساعد التلاميذ على تحقيق الأهداف التعليمية السلوكية وهي مجموعة من الاجراءات والممارسات والأنشطة العلمية التي يقوم بها المعلم داخل الفصل بتدريس درس معين يهدف إلى توصيل معلومات وحقائق ومفاهيم للمتعلمين.

ويحتاج المعلم في هذا الشأن أن يكون قادرا على تقديم المادة واثارة الاهتمامات والشرح والتمهيد والتوضيح والاستماع واختيار الاستجابات المناسبة من المتعلمين وتلخيصها وهي عمليات أساسية لابد أن يقوم بها المعلم وتعتمد على خبرته وتجاربه واعداده وتأهيله وابداعه.

وهنالك العديد من العوامل والمتغيرات التي يمكن للمعلم أن يختار طريقة التدريس في ضوئها وهي:

١. الهدف التعليمي: ولكل هدف من الأهداف طريقة خاصة بتدريسه فالطريقة التي تستخدم المعلومات أو الحقائق تختلف عن الطريقة التي تتبع في تدريس المفاهيم والاتجاهات والمهارات.

٢. طبيعة المتعلم: بأن تكون الطريقة المستخدمة مناسبة لمستوى المتعلم وقادرة على جلب انتباهه وتنشيط فكره ومتناسبة مع خبراته السابقة. مراعية بذلك الفروق الفردية الموجودة بين المتعلمين.

٣. طبيعة المادة التعليمية: إذ يجب أن تتلاءم الطريقة التدريسية ومحتوى المادة الدراسية ومستوى صعوبتها. فما يتلاءم مع مادة تدريسية كالتاريخ مثلا لا تنطبق على الكيمياء أو الفيزياء وهكذا.

٤. خبرة المعلم ونظرته إلى التعليم

ويختلف أداء معلم عن آخر فلكل معلم أسلوبه فما تناسب من طرق مع هذا قد لا تلائم ذاك. وكذلك تختلف الطريقة نسبة إلى فطرته إلى عملية التعليم وفلسفته التربوية.

لذلك فإن طرق التدريس الجيدة لابد أن تتميز بما يلي:-

أ-   مراعاة المتعلمين ومراحل نموهم وميولهم.

ب-   استنادها على نظريات التعلم وقوانينه.

ج-   مراعاتها لخصائص نمو المتعلمين الجسيمة والعقلية.

د-   مراعاة الأهداف التربوية التي يرجو المعلم تحقيقها.

هـ - مراعاتها للفروق الفردية التي أشرنا إليها.

و-   مراعاتها لطبيعة المادة الدرسيّة وموضوعاتها.

وقد سبق أن ذكرنا العديد من طرق التدريس وأساليبها, وأن هذا التعدد والتنوع قد جاء نتيجة لطبيعة التطور في فلسفة التربية وتعدد أهدافها وما ينسجم فيها مع فلسفة التربية الإسلامية ولا تشكل تقاطعا معها.

وفي كل الأحوال فإن جميع الطرق التي سبق أن ذكرناها والتي سنضرب أمثلة حية على تطبيقها تنقسم في مجموعها إلى ثلاث مجموعات:

الأولى: طرق تقوم على أساس نشاط المعلم, وطرق تقوم على أساس نشاط المتعلم.

الثانية: طرق ديمقراطية وطرق استبدادية والسلبية أو الاستبدادية أو التسلطية, تنبع من الفلسفة التقليدية للتربية التي ترى أن المتعلم كيان سلبي غير قادر على البحث عن المعرفة بنفسه.

الثالثة: الطرق الفردية والطرق الجماعية.

ويمكن أن توضع ضمن مجموعات ثلاث:

أولا: مجموعة العرض وتندرج تحتها طريقة المحاضرة أو الالقاء وطريقة المشاهدة التوضيحية وطريقة المشاهدة وطريقة القصة.

ثانيا: مجموعة الاكتشافات وتندرج تحتها طريقة حل المشكلات.

ثالثا: مجموعة التعلم الذاتي.

وسنقوم هنا بتقديم دروس نموذجية في كل من:

١. التلاوة والقرآن الكريم "التفسير"

٢. الحديث النبوي الشريف

٣. العقيدة الإسلامية

٤. الفقه الإسلامي

٥. السيرة النبوية

٦. وسنقوم بتطبيق طريقة معينة على كل درس من الدروس النموذجية علما بأنه من الممكن أن تطبق بقية الطرق على الدرس الواحد. نسبة لخبرة المدرسين الذين يقومون بالتدريس ومهاراتهم التدريسية.

أشهر الطرق التدريسية المتبعة في التربية الإسلامية:

١- الطريقة العمودية أو طريقة هاربرت بخطواتها الخمس:

أ- المقدمة

ب- العرض

ج- الربط

د- الاستنباط

هـ- التطبيق

٢- الطريقة الأفقية, طريقة صياغة الأهداف السلوكية:

أ- الزمن

ب- خطوات التدريس

ج- الأهداف بالصياغة السلوكية

د- الأساليب والوسائل والنشاطات المتبعة

هـ- التقويم

الطريقة العمودية:

الزمن: يخصص الزمن الأكبر لعرض الدرس

خطوات الدرس

أولا:- المقدمة والتهيئة (٥ دقائق)

أ- تذكير التلاميذ بالدرس السابق

ب- القاء بعض الأسئلة التي تثير اهتمام المتعلمين للدرس الجديد

ج- استخدام أسلوب الحوار والمناقشة

د- استخدام الأسلوب القصصي

هـ- ضرب الأمثلة

و- استخدام وسائل الايضاح

ز- الاشارة إلى الحوادث والوقائع اليومية.

ثانيا: العرض (٢٥ دقيقة).

وفيها عرض حقائق جديدة والقيام بتجارب جديدة توصل المتعلمين إلى استنباط قواعد عامة، على

أن تكون:-

١. مناسبة لمستوى المتعلمين العقلي وللزمن المخصص لها.

٢. اختيار النقاط الهامة وأن يربطها ببعضها ولا يكدسها حتى لا يملها المتعلمون.

٣. أن يشرك المتعلمين في الدرس حتى يشجعهم على التفكير وأن يجذبهم إلى الدرس لبذل أقصى

جهد منهم للوصول إلى الحقائق.

٤. أن يختار الطريقة المناسبة للعرض (احدى الطرق التي سبق ذكرها).

طرق عرض النص:

١. كتابة النص على ورق المقوى

٢. تصويره على شريحة وعرضه على جهاز عرض الشفافيات

٣. كتابته على سبورة الفصل

٤. كتابته على سبورة اضافية

٥. تصويره وتوزيعه على التلاميذ

ثالثا: الربط (٥ دقائق).

وهو ربط المعلومات الجديدة بعضها ببعض وربطها أيضا بالمعلومات السابقة ويمكن أن يكون الربط أثناء العرض أو في المقدمة (مع أخذ الزمن بنظر الاعتبار).

رابعا: الاستنباط (٥ دقائق)

الوصول إلى قوانين عامة أو قضايا كلية أو جملة فوائد ترتبط بحياة المتعلمين . يفضل أن يقوم بذلك المتعلمون أنفسهم بمساعدة المدرس ويكون بعد فهم المتعلمين للدرس.

خامسا: التطبيق واغلاق الموقف الصيفي (٥ دقائق).

الغرض منه التأكد من فهم المتعلمين للدرس لربط الموضوع بالواقع وتثبيت المعلومات في أذهان المتعلمين, ويتم بالمناقشة ويقوم به المعلم نفسه. ثم ينتهي المعلم إلى الموقف الأخير باغلاق الموقف الصفي[(١)].

(١) المرشد في التدريس ص/٢٥-٢٧ (بتصرف).

الطريقة الأفقية:

يقوم فيها المعلم بتحديد أهداف سلوكية من خلال فقرة من فقرات درسه., يقوم المعلم والمتعلمون بتحقيق هذه الأهداف وتوفير شروط تحققها أي قابليتها للقياس والتنفيذ والتقويم (القياس) وتتوزع الأهداف على المقدمة والعرض والمناقشة والتطبيق.

نموذج لاعداد درس على الطريقة الأفقية:[1]

الخطوة	الزمن		الأهداف السلوكية		الأساليب والأنشطة	التقويم	الوسائل التعليمية
المقدمة	٥	١	أن تتهيأ أذهان المتعلمين للموضوع الجديد	١ ٢ ٣ ٤		الملاحظة الاستماع المشاهدة	
العرض	١٠	١ ٢ ٣				الملاحظة الاستماع	السبورة
المناقشة	٢٠	١ ٢ ٣				توضيح معنى المفردات توضيح الأفكار	
الاستنتاج	٥	١ ٢					
التطبيق	٥	١ ٢					

(١) المرشد في التدريس ص/٢٧, ٢٩.

تدريس القرآن الكريم

القرآن الكريم هو مصدر الشريعة الإسلامية الأول, كتاب الله العظيم الذي لا تزيغ به الاهواء ولا تلتبس به الالسن "لا تنقضي عجائبه من قال به صدق ومن عمل به أجر ومن حكم به عدل ومن دعا إليه هدي إلى الصراط المستقيم[(١)]"ومن تركه فقد كفر ومن ابتغى الهدى في غيره فجر.

إن هذا الكتاب العظيم ما نزل إلا ليضيع أسسا راقية في تربية البشر على القيم المثلى وتحفيزه على العمل الايجابي الذي ترك أثره العميق في نفوس عرب الجزيرة حين نزوله إلى درجة أنه شغلهم عن الشعر الذي اشتهروا به والأدب الذي تميزوا فيه عن باقي الأمم واعجزهم في بلاغته وفصاحته.

إن التصور الشامل الكامل للانسان والكون والحياة في القرآن الكريم ليعكس عظمة نظامه التربوي ولعل أهم انعكاس لهذا الأثر الإسلامي الكبير على العملية التربوية أنها عملية توحد في النظرة إلى العلوم والمعارف جميعا, تلك التي تتناول الكون وظواهره ونواهيه أو التي تتناول الإنسان وعواطفه وتاريخه ومجتمعاته فضلا عن العلوم التي تبحث في الحياة والأحياء.

إن القرآن الكريم يحتوي على إشارات كثيرة إلى المعارف التي يتعلمها الجنس البشري بغرض زيادة ايمانه بالله تعالى وقد تميز القرآن الكريم على بقية الكتب السماوية على أنه كتاب يخاطب البشرية عموما, على عكس بقية الكتب التي تخاطب أقواما معينين, وهو كتاب قد سلم من التحريف حيث تعهد الباري عز وجل بحفظه. قال تعالى(إِنَّا نَحْنُ نَزَّلْنَا الذِّكْرَ وَإِنَّا لَهُ لَحَافِظُونَ) [الحجر:٩] بينما لم تسلم الكتب الأخرى من ذلك الانحراف والقرآن الكريم هو "الكلام المعجز المنزل على النبي صلى الله عليه وسلم المكتوب في المصاحف

(١) طرائق تدريس التربية الإسلامية- المستوى الرابع ص/١٤(بتصرف).

المنقول عنه بالتواتر المتعبد بتلاوته"[١]. والقرآن الكريم هو المصدر الأساس للتربية الإسلامية تتحول آياته إلى سلوك واقعي وأنه يحفظ للأمة الإسلامية وحدتها الفكرية والثقافية وهو الذي يرشد الانسان إلى الطريقة المثلى التي يكتسب بها المعرفة وهو يحث الانسان على التفكير في كل ما يحيط به من مخلوقات مثل الكواكب والنجوم والمياه والرياح والكائنات الحية الأخرى والليل والنهار قال تعالى :(إِنَّ فِي خَلْقِ السَّمَاوَاتِ وَالْأَرْضِ وَاخْتِلَافِ اللَّيْلِ وَالنَّهَارِ لَآيَاتٍ لِأُولِي(الْأَلْبَابِ (190) الَّذِينَ يَذْكُرُونَ اللَّهَ قِيَامًا وَقُعُودًا وَعَلَى جُنُوبِهِمْ وَيَتَفَكَّرُونَفِي خَلْقِ السَّمَاوَاتِ وَالْأَرْضِ رَبَّنَا مَا خَلَقْتَ هَذَا بَاطِلًا سُبْحَانَكَ فَقِنَا عَذَابَ النَّارِ) [آل عمران:١٩٠-١٩١]. وقد حوى القرآن الكريم طرقا متعددة في التربية منها القصة والمثال والقدوة وغير ذلك, وحوى عملية التقويم وحث عليها كما يحوي على الأخلاق والبعد عن الأهواء الشخصية واتباع الظن ويطالب بالدليل والترتيب قبل اصدار الأحكام ومطابقة القول بالعمل[٢].

تدريس القرآن الكريم (التلاوة والتفسير)

الأهداف العامة لتدريس القرآن الكريم

١. أن يعرف الطالب معاني المفردات الواردة في الآيات التي يتعلمها فيزداد محصوله اللغوي.

٢. أن يعرف الطالب المعنى الاجمالي للآيات التي يتعلمها.

٣. أن يحدد الطالب آداب التلاوة.

(١) صبحي الصالح, مباحث في علوم القرآن ص/٢١.

(٢) مدخل إلى التربية الإسلامية وطرق تدريسها ص/٢٦-٢٧ (بتصرف).

٤. أن يعرف الطالب أسباب النزول.

٥. أن يدرك الطالب أهمية التسجيلات الصوتية للقرآن الكريم في تعليم التلاوة.

٦. أن يعطي الطالب تعريفا للتلاوة.

٧. أن يميز الطالب بين المد الأصلي والمد الفرعي في الآيات التي يتعلمها.

٨. أن يحدد الطالب حروف القلقلة

٩. أن يظهر الخشوع على الطالب عند التلاوة أو عند الاستماع إليها.

١٠. أن يجيد الطالب استخدام المعجم المفهرس لألفاظ القرآن الكريم.

١١. أن يحب الطالب الاستماع إلى تلاوة القرآن ممن يجيدونها.

١٢. أن يعظم الطالب القرآن الكريم لأنه كلام الله تعالى.

١٣. أن يجيد الطالب استخدام المعجم المفهرس لألفاظ القرآن الكريم.

١٤. أن يتقن الطالب لفظ حروف المد عند التلاوة

١٥. أن يتلو الطالب بعض السور عن ظهر قلب دون أخطاء مع مراعاة أحكام التجويد

١٦. أن يجيد الطالب استخدام أحد كتب التفسير(١).

تدريس التلاوة

"سورة الإخلاص"

(قُلْ هُوَ اللَّهُ أَحَدٌ (1) اللَّهُ الصَّمَدُ (2) لَمْ يَلِدْ وَلَمْ يُولَدْ (3) وَلَمْ يَكُنْ لَهُ كُفُوًا أَحَدٌ) [الإخلاص:١-٤] صدق الله العظيم.

(١) مدخل إلى التربية الإسلامية وطرق تدريسها ص/٨٦-٨٧ (بتصرف).

الأهداف الخاصة لتدريس سورة الإخلاص:

١. الأهداف المعرفية وهي:

أ- أن يفهم المتعلم معاني المفردات في سورة الإخلاص.

ب- أن يستوعب المتعلم فكرة التوحيد التي تدعو إليها السورة.

٢. الأهداف النفس حركية (المهارية) وهي:

أ- أن يتلو المتعلم سورة الإخلاص تلاوة صحيحة.

ب- أن يستعمل المتعلم معاني المفردات الصعبة في جمل مفيدة

٣. الأهداف القلبية (الوجدانية) وهي:

أن يتمثل المتعلم عقيدة التوحيد والخوف من الله تعالى [١].

خطوات التدريس [٢]:

١- التمهيد: (٥ دقائق)

يمهد المدرس بأسئلة قصيرة تثير انتباه الطلبة, وتشوقهم للموضوع الذي سنتناوله سورة الإخلاص كأن يروي

لهم قصة محببة إلى نفوس الطلبة أو بذكر أسباب النزول أو بأية طريقة للتمهيد يراها المدرس مناسبة.

٢- تلاوة المدرس النموذجية (٥ دقائق)

يتلو المدرس سورة الإخلاص تلاوة نموذجية, ومعنى نموذجية هو أن يتأنى ويتمهل في تلاوة السورة. قال
تعالى (وَرَتِّلِ الْقُرْآنَ تَرْتِيلًا) [المزمل:٤] وقال سبحانه (لَا تُحَرِّكْ بِهِ لِسَانَكَ لِتَعْجَلَ بِهِ)[القيامة:١٦].
وأن يحسن الأداء أي تأدية المعنى بلهجة من الصوت مناسبة للمعنى وأن يراعي أحكام التجويد ويمكن
للمدرس الاستعانة بجهاز التسجيل لتعزيز سماع التلاوة.

---

(١) طرائق تدريس التربية الإسلامية- المستوى الرابع ص/١٦.
(٢) محاضرات في طرائق تدريس التربية الإسلامية - المستوى الرابع ص/١٦-١٨.

٣- الشرح الاجمالي (١٠ دقائق)

بعد انتهاء المدرس من التلاوة النموذجية, يقدم شرحا اجماليا بادئا باعطاء معاني المفردات الصعبة مثل:

الصمد: المعتمد عليه

كفوا: معادلا, شبيها

ويكون الشرح بحديث تصويري سهل يتناول مجمل المعنى. مع مراعاة أن يشمل الشرح أو المناقشة الأهداف التي توجه إليها الآيات ويجب ابراز الاتجاهات والقيم التي ترمي إليها الآيات, كأن يطلب المدرس من الطلبة ايراد آيات أخرى تدل على الوحدانية. والمهم أيضا ربط مضمون هذه الآيات (مضمون الدرس) بالواقع فقولنا أن لكل أسرة ولي أمر واحد أو أبا واحدا يسمى رب الأسرة فإذن لهذا الكون ربا واحدا, الها واحدا هو الله سبحانه وتعالى.

٤- تلاوة الطلاب (٢٠ دقيقة).

تستغرق هذه الخطوة وقت الدرس. لأن الهدف من درس التلاوة هو أن يتقن الطلبة تلاوة القرآن الكريم.

ولما كانت آيات سورة الإخلاص قليلة فإن كل طالب في الصف يمكن أن يشارك في تلاوتها. أما إذا كانت الآيات موضوع الدرس كثيرة فإنه يمكن أن يتلو كل طالب عددا مناسبا من الآيات يحددها المعلم وعلى المعلم في هذه الخطوة أيضا أن يصحح أخطاء الطلبة فور وقوعها, فإذا ما لاحظ المعلم أن أخطاء الطلبة كثيرة فعليه إعادة تلاوة الآيات.

٥- الدروس والعبر (٥ دقائق)

من الدروس والعبر التي يمكن أن نستقيها من تدريس سورة الإخلاص هي الابتعاد عن الشرك لأن الله لا يغفر للمشركين. وتقوية صلة الطالب بربه, إذ يجب أن يكون الركون إليه في حالة الرخاء والشدة وتجنب المخالفات التي وقع فيها أصحاب

الديانات الأخرى إذ جعلهم الله يستحقون عقابه, وتجنب الشرك به من دعاء غير الله أو التبرك به.

ويفضل أن يسجل الطلبة هذه الدروس والعبر في دفاترهم.

اغلاق الموقف الصفي بالدعاء (سُبْحَانَ رَبِّكَ رَبِّ الْعِزَّةِ عَمَّا يَصِفُونَ (180) وَسَلَامٌ عَلَى الْمُرْسَلِينَ (181) وَالْحَمْدُ لِلَّهِ رَبِّ الْعَالَمِينَ) [الصافات: ١٨٠- ١٨٢] .

نموذج لتدريس نص قرآني باستخدام الحوار والمناقشة والاستقصاء

(سورة الأنعام الآيات ٧٥-٧٩).

الآية : (وَكَذَلِكَ نُرِي إِبْرَاهِيمَ مَلَكُوتَ السَّمَاوَاتِ وَالْأَرْضِ وَلِيَكُونَ مِنَ الْمُوقِنِينَ 75)
(فَلَمَّا جَنَّ عَلَيْهِ اللَّيْلُ رَأَى كَوْكَبًا قَالَ هَذَا رَبِّي فَلَمَّا أَفَلَ قَالَ لَا أُحِبُّ الْآفِلِينَ (76)
فَلَمَّا رَأَى الْقَمَرَ بَازِغًا قَالَ هَذَا رَبِّي فَلَمَّا أَفَلَ قَالَ لَئِنْ لَمْ يَهْدِنِي رَبِّي لَأَكُونَنَّ مِنَ الْقَوْمِ
الضَّالِّينَ (77) فَلَمَّا رَأَى الشَّمْسَ بَازِغَةً قَالَ هَذَا رَبِّي هَذَا أَكْبَرُ فَلَمَّا أَفَلَتْ قَالَ يَا
قَوْمِ إِنِّي بَرِيءٌ مِمَّا تُشْرِكُونَ (78) إِنِّي وَجَّهْتُ وَجْهِيَ لِلَّذِي فَطَرَ السَّمَاوَاتِ
وَالْأَرْضَ حَنِيفًا وَمَا أَنَا مِنَ الْمُشْرِكِينَ) [الأنعام:٧٥-٧٩] صدق الله العظيم

- سنستخدم في النموذج الآتي حرف (م) ليعني المدرس و (ت) بمعنى التلميذ وبعد ذلك يطلب يقرا المعلم الآيات ثم يطلب من الطلاب قراءتها صمتا وبعد ذلك يطلب من بعضهم قراءتها جهرا.

م- لقد قرأنا الآيات ٧٥-٧٩ من سورة الأنعام فماذا أسمى الله ظهور الشمس والقمر وماذا دعى اختفاءهما؟

ت: ظهور الشمس والقمر سماهما "بازغين" أي (البزوغ)

م: أحسنت واختفائهما

ت آخر: الآفلين ...فلما أفل ... أي (الافول)

م: أحسنت. والآن ما هي مظاهر قدرة الله سبحانه وتعالى في الكون.

تلميذ ثالث: له ملكوت السموات والأرض

م: أحسنت وبعد:

ت آخر: الليل والنهار والشمس والنجوم والقمر

م: أحسنت وماذا دعا الله تعالى الذين يؤمنون بقوته؟

ت: المؤمنون

م: هل توجد مثل هذه اللفظة في الآيات؟

ت: (ينظر في الآيات باحثا عن اللفظة ولم يجدها)

فيقول: كلا لا توجد

ت آخر يرفع يده

م: يؤشر إلى التلميذ هذا ويقول: نعم... عندك سؤال؟

ت: هل أجاوب على السؤال؟

م: نعم

ت: الموقفين

م: أحسنت... وماذا دعا الآخرين كلفظة متقابلة؟

التلميذ نفسه: الآفلين

م: هل الموقنين عكس الآفلين

التلميذ نفسه: نعم

م: خطأ... من يعرف

تلميذ آخر: الضالين والمشركين

م: أحسنت وماذا عن قدرة الله تعالى في هذه الآية ؟ السكوت يخيم على الصف... بينما يرفع أصبع أحد الطلبة فسأله المدرس؟ من أين أنت؟

ت: من (المفرق) في اتجاه الحدود العراقية

م: أجب عن السؤال

ت: أفول النجم وطلوعه وطلوع القمر وأفوله وكذلك الشمس.

م: أحسنت وبماذا وصف ابراهيم عليه السلام (الله) جل شأنه؟

تلميذ آخر: فاطر السموات والأرض.

م: جيد وبماذا وصف النبي ابراهيم عليه السلام نفسه؟

نفس التلميذ: حنيفا وما انا من المشركين؟

م: وبماذا هدد ابراهيم عليه السلام إن لم يهديه ربه؟

التلاميذ يرفعون أيديهم المعلمين يختار واحدا منهم.

ت: أن يكون من الضالين

م: هل هذا صحيح سؤال يوجهه المعلم إلى التلاميذ الصمت يحتم على المكان. أحد التلاميذ الجالسين في خلف القاعة يرفع يده يسأله المعلم عن اسمه يذكر الطالب اسمه يقول المدرس: اجب عن السؤال

التلميذ: أن ابراهيم (عليه السلام) لم يهدد ربه تعالى، كيف وهو نبيه وخليله؟ إنما كان يقسم بأن الله تعالى إن لم يهديه، فإن سيصبح من الضالين.

م: لماذا؟

ت: لأنه مؤمن بالله وموقن بأن الله سيهديه.

م: أحسنت وإني سأضع لك درجتين زيادة على درجات الامتحان (أي أنه يستخدم هنا التعزيز). حسنا وبماذا ميز ابراهيم عليه السلام نفسه؟

الصمت يسود القاعة قليلا يرفع أحد الطلبة يده ويقول:

ت: أنه بريء ... (ويسكت)

م: بعد انتظار لحظات لم يسمع رأيا فيقول. بريء فماذا؟

التلميذ نفسه: من المشركين.

م: نعم وإلا فكلمة برئ لوحدها لا تعني شيئا إن لم تضف إلى شيء وعلى كل حال فان ابراهيم عليه السلام كان نبيا وهو أبو الأنبياء وأن الله سبحانه وتعالى في هذه الآيات استعرض جزءا من قدرته ... (يتجه المعلم نحو السبورة ويكتب عنوان الدرس من سورة الأنعام الآيات ٧٥- ٧٩ ثم يعطي التعليمات لتلامذته- والآن أخرجوا المصحف وتابعوا معي الاستماع إلى سورة الأنعام وتذكروا آداب التلاوة ويبدأ المعلم بتلاوة متأنية مراعيا أحكام التجويد وبعد الانتهاء من التلاوة يطلب من تلامذته الاستماع إلى شريط فيه تلاوة للآيات المذكورة في سورة الأنعام, مسجلة بصوت المعلم أو أي صوت آخر. ثم يسكت ويقول :وبعد أن استمعنا إلى التلاوة نود أن نسمعها منكم ولنبدأ بالطالب.

يعين الطالب. ويختار أربعة آخرين من المجدين للتلاوة ليقرؤوا الآيات لغرض الاستفادة من قدراتهم ليكونوا قدوة للآخرين.

يعرض المعلم لوحة على السبورة كتبت فيها الآيات ٧٥-٧٩ من سورة الأنعام كل آية بلون ثم يطلب من كل تلميذ أن يقرأ الآيات التي عرضها على السبورة.

م: إلى ماذا أشارت هذه الآيات في مجال قدرة الله؟

ت: أن له ملكوت السماوات والأرض وكل مظاهرهما الليل والنهار والكواكب والشمس والقمر.

م: أحسنت هذه اجابة تستحق عليها درجة

(يكتب اسم الطالب في دفتر خاص ويمنح له درجة تعزيزية).

م: وهناك حقيقة كونية تذكرها الآيات هل يستطيع أحد منكم أن يذكرها؟

تلميذ آخر: نعم... لقد ذكرت لنا الآية أن الشمس أكبر من القمر.

م: أحسنت... (ويقوم بتعزيز مهارته بوضع درجة له أيضا)

ينظر إلى الطلبة ويقول سائلا: ما معنى الضالين؟

تلميذ يجيب دون استئذان: الكافرين.

م: أحسنت ولكن كان بامكانك الاستئذان برفع يدك أليس كذلك. فإن الدين الإسلامي قد علمنا التأدب في المجالس. وعلى كل حال، ماذا تعلمنا الآيات كذلك؟

ت: التدرج في الوصول إلى النتيجة.

م: ماذا تقصد ؟

التلميذ نفسه: أي أن النبي ابراهيم استمر يسأل نفسه أسئلة ينتقل فيها في حالة إلى حالة حتى توصل في النهاية إلى اليقين.

م: أحسنت ولك خمس درجات زيادة في الامتحان . فلقد استقصى ابراهيم عليه السلام الحقيقة عن طريق المحاولات والتساؤلات حتى وصل إلى درجة اليقين والآن سوف أقوم بتقسيم الطلبة إلى مجموعتين. كل مجموعة مكونة من ثلاثة طلاب مجموعة تسأل ومجموعة تجيب. ويعزز أداء المجموعة الفائزة. (أي أن المعلم بنوع من أساليب التدريس) ثم يطلب من التلاميذ أن يسمعوه حفظهم لهذه الآيات لتشجيعهم على حفظ السورة كلها.

يغلق المدرس الدرس بالدعاء (سُبْحَانَ رَبِّكَ رَبِّ الْعِزَّةِ عَمَّا يَصِفُونَ (180) وَسَلَامٌ عَلَى الْمُرْسَلِينَ (181) وَالْحَمْدُ لِلَّهِ رَبِّ الْعَالَمِينَ) [الصافات:١٨٠- ١٨٢] .

تدريس الحديث النبوي الشريف

الحديث في اللغة الجديد وهو ضد القديم فيقال فلان لبس الجديد يعني أنه خلع القديم من ملابسه, وقد وردت مادة الحديث بكتاب الله عز وجل بقوله تعالى:(وَمَنْ أَصْدَقُ مِنَ اللَّهِ حَدِيثًا) [النساء:٨٧] وقوله تعالى(فَلْيَأْتُوا بِحَدِيثٍ مِثْلِهِ إِنْ كَانُوا صَادِقِينَ)[الطور:٣٤] .

أما الحديث في الاصطلاح الشرعي فهو ما أضيف إلى النبي صلى الله عليه وسلم من قول أو فعل أو تقرير أو صفة خلقية وما أضيف إلى الصحابة والتابعين باعتبارهم شهود عصر النبوة ويدخل في الحديث الأخبار في عصر النبوة وعن حياته صلى الله عليه وسلم قبل البعثة وسائر الكلام عن أحوال البيئة النبوية.

والسنة: السنة في الاصطلاح الشرعي هي ما صدر عن رسول الله صلى الله عليه وسلم من قول أو فعل أو تقرير أو صفة أو إشارة وتقسم إلى سنن قولية وسنن فعلية وسنن تقريرية أما القولية فهي أحاديث المصطفى صلى الله عليه وسلم في مختلف الأغراض والمناسبات, أما السنن الفعلية هي أفعاله صلى الله عليه وسلم والسنن التقريرية: هي ما أقره الرسول صلى الله عليه وسلم مما صدر عن بعض أصحابه من أقوال وأفعال بسكوته أو عدم انكاره أو بموافقته واظهار استحسانه فيعتبر بهذا الاقرار والموافقة عليه صادرا عن الرسول نفسه.

والفرق بين الحديث والسنة: إن الحديث أعم من السنة فيدخل في الحديث ما يدخل في السنة أو ما لا يدخل فيها. لأن أفعال الرسول صلى الله عليه وسلم قبل البعثة تدخل في الحديث ولا تدخل في السنة لأن السنة تعني باخبار ما بعد البعثة ولا تدخل صفات الرسول صلى الله عليه وسلم في السنة. ففي السنة كل ما يستفاد أو ما لا يستفاد فيه.

والسنة تبين آيات القرآن الكريم وتفصل أحكامه فما جاء فيه من مجمل تفصله السنة قال تعالى ﴿وَمَا آتَاكُمُ الرَّسُولُ فَخُذُوهُ وَمَا نَهَاكُمْ عَنْهُ فَانتَهُوا وَاتَّقُوا اللَّهَ إِنَّ اللَّهَ شَدِيدُ الْعِقَابِ﴾[الحشر:٧].

والسنة في قوة القرآن من حيث التشريع وتشرع أحكاما لم يذكرها القرآن الكريم. والحديث إما أن يكون صحيحا أو حسنا أو ضعيفا ولرواته شروط منها:

١) أن يكون ثقة في دينه

٢) أن يكون ضابطا لحديثه متقنا له مثبتا من روايته, لا تعتريه غفلة الصالحين فيكذب دون وعي فالصلاح والورع لا يعنيان الدقة والضبط.

٣) الإسلام

٤) العقل والعقل قوة تمنع تصرفات الانسان من فعل القبيح وهو مصدر التمييز والادراك والضبط.

٥) البلوغ لأنه تترتب عليه التكاليف الشرعية

٦) السلامة من أسباب الفسق.

٧) السلامة من خوارم المروءة وهي العيوب التي تشين الشخص وتسبب له الاحتقار وعدم الاعتبار.

أما **الحديث الصحيح**: هو ما اتصل سنده بنقل العدل الضابط أو الثقة عن مثله, من أول السند إلى منتهاه من غير شذوذ ولا علة.

والحديث الحسن: هو الحديث المتصل الاسناد برواة عدول قاصرين في ضبطهم عن ضبط رواة الصحيح من غير شذوذ ولا علة.

والحديث الضعيف: هو كل حديث لم تجتمع فيه صفات القبول[1].

(١) مرويات محمد بن اسحاق الحديثية وموقف المحدثين منها ص/٢٠٠-٢٠٣.

درس نموذجي في الحديث الشريف[1]

الصف: السادس الابتدائي

الموضوع: التربية الإسلامية

نص الحديث: قال رسول الله صلى الله عليه وسلم "من لا يرحم الناس لا يرحمه الله عز وجل".

الأهداف الخاصة:

أولا- المعرفية:

١) أن يعرف معنى الرحمة

٢) أن يفهم الحديث

٣) أن يحفظ الحديث غيبا

ثانيا: القلبية (الوجدانية).

١) أن يشعر بالرحمة الالهية على عباده

٢) أن يؤمن بالرحمة في تصرفاته اليومية

ثالثا: المهارية (النفس حركية)

١) أن يقرأ الحديث قراءة صحيحة معبرة

٢) أن يكتب الحديث في دفتره

٣) أن يصنع جملا من انشائه فيها كلمة "الرحمة".

٤) أن يتحدث ويدعو الرحمة بالناس وبالفقراء.

(١) أساسيات التدريس ومهاراته وطرقه العامة ص/٨٧-٨٩ "بتصرف".

الوسائل التعليمية

لوحة مكتوب عليها الحديث النبوي الشريف

١- التمهيد: يقدم المعلم مقدمة في معنى الرحمة وأهميتها بين الناس ويبين لهم أن الله ارحم من الناس . ويذكر لهم معه الحديث وهي قصة الأسيرة التي فقدت ابنها فظلت تفتش عنه بهلع حتى وجدته فاحتضنته والرسول صلى الله عليه وسلم ينظر إليها وسأل النبي صلى الله عليه وسلم أصحابه بقوله: أتظنون أن هذه المرأة طارحة ولدها في النار. قالوا له: ليس وهي قادرة على غير ذلك. فبين لهم رسول الله صلى الله عليه وسلم أن الله سبحانه ارحم بعباده من هذه المرأة بولدها.

٢- العرض

أ- قراءة المتعلمين للحديث الشريف قراءة صامتة.

ب- يقرأ المعلم (بعد خمسة دقائق) الحديث قراءة جهرية واضحة معبرة فيسأل المتعلمين: إلى أي شيء يدعو الحديث الشريف؟ يسأل بعض المتعلمين ثم يقول لمن يحسن الاجابة: أحسنت.

ج- يسأل المعلم بعض المتميزين من المتعلمين ما يأتي:

س١ : أيعرف منكم من يقص أية قصة فيها معاني الرحمة؟

س٢ : ماذا نقول قبل قراءة أية سورة من القرآن؟ وماذا تثبت لنا هذه الآية؟

سيكون الجواب الصحيح: ان الله يبتدئ عباده القول باسم (رحيم) بهم.

د- يركز المعلم ثانية على القراءة لغرض ضبط الحديث وحسن القراءة. فيسأل المجموعة التي ضبط معها قراءة الحديث

س١: ماذا يفعل والدك بك حين تخطأ؟

أيستخدم الرحمة معك في عقوبته لك؟

س٢: اذكر قصة فيها معنى الرحمة؟

س٣: بماذا يصف الله سبحانه وتعالى نفسه في بداية كل سورة؟

هـ- المعلم يطلب من مجموعة ثالثة قراءة الحديث أضعف من المجموعات السابقة وبعدها يبدأهم بالسؤال:

س١: هات قصة حادث معين يشتمل على الرحمة.

س٢: إذا أخطأت في موقف ما كيف يعالجه والدك في البيت؟

و- المعلم يطلب من مجموعة رابعة وهي ضعيفة بالنسبة للمجموعات الأخرى أن تقرأ الحديث بامعان ثم يسألهم.

س١: اذكر حادثة تعرفها فيها معنى الرحمة.

س٢: ضع كلمة رحمة في جمل عديدة ذات معنى.

ز- يطلب المعلم من طلاب المجموعات المختلفة أن يرووا الحديث عن ظهر قلب متسما بالضبط. ويطلب من بعضهم أن يذكر أجزاء من الحديث لغرض تشجيعهم على الحفظ بعدئذ.

٣- الربط

يحاول المعلم أن يربط الحديث بالقرآن الكريم أو بأحداث السيرة النبوية, ويسأل الأسئلة التالية:

س١: هل تحفظ آية قرآنية فيها معنى الرحمة؟

س٢: اذكروا مواقف فيها معنى الرحمة وقعت لأي منكم

س٣: اذكر أي قصة رويت عن النبي صلى الله عليه وسلم أو عن أي من خلفائه الراشدين رضي الله عنهم فيها معنى الرحمة.

٤- التقويم

أ- أن يذكر المتعلمون ثلاث كلمات فيها معنى الرحمة

ب- ما عكس كلمة رحماء في الآية الكريمة (مُحَمَّدٌ رَسُولُ اللَّهِ وَالَّذِينَ مَعَهُ أَشِدَّاءُ عَلَى الْكُفَّارِ رُحَمَاءُ بَيْنَهُمْ) [الفتح:٢٩] ؟

ج- دعانا الرسول صلى الله عليه وسلم إلى شيء مهم في حديثه الشريف ما هو؟

د- أن يقوم المعلم بتسميع الحديث الشريف "موضوع الدرس" لمن حفظه من المتعلمين.

الواجب البيتي:-

١. حفظ الحديث عن ظهر غيب

٢. يكتب كل تلميذ ملخصا بالحديث الشريف

٣. يكتب كل تلميذ قصة فيها معاني الرحمة

٤. يجيب الطلاب (في البيت) عن أسئلة ينقلونها عن السبورة يكتبها المعلم.

اغلاق الموقف الصيفي: بأن يدعو المعلم (سُبْحَانَ رَبِّكَ رَبِّ الْعِزَّةِ عَمَّا يَصِفُونَ (180) وَسَلَامٌ عَلَى الْمُرْسَلِين (181)وَالْحَمْدُ لِلَّهِ رَبِّ الْعَالَمِينَ) [الصافات:١٨٠- ١٨٢] .

تدريس العقيدة الإسلامية:

العقيدة لغة من عقد, ومدار هذه الكلمة في اللغة على اللزوم والاستيثاق والتأكد. قال تعالى: (لَا يُؤَاخِذُكُمُ اللَّهُ بِاللَّغْوِ فِي أَيْمَانِكُمْ وَلَكِنْ يُؤَاخِذُكُمْ بِمَا عَقَّدْتُمُ الْأَيْمَانَ) [المائدة:٨٩]. وتعقيد الايمان إنما يكون بقصد القلب وعزمه بخلاف لغو اليمين التي تجري على اللسان بدون قصد[١].

أما اصطلاحا فهي الأمور التي يجب أن يصدق بها القلب, وتطمئن إليها النفس, وتكون يقينا عند أصحابها لا يمازجها ريب ولا يخالطها شك.[٢]. أو أنها الادراك الجازم المطابق للواقع الناشيء عن دليل.

أما مصدري العقيدة فهما القرآن والسنة, أو الوحي الذي لا مجال فيه للرأي أو العقل لأن كل ما وصلنا عن الرسول صلى الله عليه وسلم من قرآن وسنة يجب التصديق به. واليقين هو المفهوم الصحيح للعقيدة أي ما يصل إلى درجة ينتفي معها الشك أو التردد أو الانكار, وتشمل العقيدة كل من:

١. الايمان بالله وصفاته وأسمائه
٢. الايمان بالقضاء والقدر
٣. الايمان بالرسل
٤. الايمان بالكتب السماوية
٥. الايمان بالملائكة والجن والحشر والنشور والصراط والميزان والجنة والنار (الغيبيات).

(١) ابن منظور, لسان العرب ج٣ ص/٢٩٧.
(٢) طرق تدريس التربية الإسلامية, الهاشمي ص/١٥٥.

أهمية دراسة العقيدة في التربية الإسلامية:-

تعد العقيدة عنوان الإسلام وموضوعه وقاعدته العظيمة التي تقوم عليها سائر تشريعاته وأحكامه ومنهجه وأفكاره.

الإسلام يرمي إلى إدراك الإنسان لخالقه وطاعته والالتزام بأوامره, يتم ذلك بتعلم الانسان لحقائق الألوهية والعبودية واللذين هما من أجزاء العقيدة وتوحيد العقيدة هي هدف التربية الإسلامية ومن توحيد العقيدة تأتي أهداف التربية الإسلامية للوصول إلى التصورات العامة في فهم الخير والشر وصياغة فكر الإنسان وسلوكه والتي من خلالها يفهم الإنسان غاية الخلق وهو الهدف الذي تضع التربية الإسلامية كل منهاجها لتحقيقه.

ومن آثار العقيدة الإسلامية على الإنسان المسلم:

١. أن يعرف بأن الله تعالى هو المستحق لكل أنواع العبادة.

٢. أن يعرف أن الإنسان المسلم هو الأعلى لقوله (وَلَا تَهِنُوا وَلَا تَحْزَنُوا وَأَنْتُمُ الْأَعْلَوْنَ إِنْ كُنْتُمْ مُؤْمِنِينَ) [آل عمران:١٣٩].

٣.أن يعرف المسلم أنه المفضل بالتقوى(إِنَّ أَكْرَمَكُمْ عِنْدَ اللَّهِ أَتْقَاكُمْ إِنَّ اللَّهَ عَلِيمٌ خَبِيرٌ)[الحجرات:١٣] وأن ميزان التقوى هو أفضل الموازين.

4.التأكيد على الآيات كشواهد وكذلك الحديث النبوي اللذين يوصلانا إلى اليقين التام والحقائق.

٥. الجهد المخطط والمعاناة الهادفة.

٦. المعلم الكفء الذي لا يتأتى إلا عن طريق الاعداد الواعي المسبق.

٧. الاهتمام بالفروق الفردية عند تدريس العقيدة لأهمية الأخذ بها في ترسيخ العقيدة في نفوس المتعلمين المختلفي المستويات.

٨. الابتعاد عن طريق الالقاء والاهتمام بأسلوب المناقشة الهادئة والتأكيد على الأساليب المفردة في تعلم وتعليم العقيدة الإسلامية.

٩. ربط المادة العلمية بالواقع من خلال ضرب الأمثلة كتضحية أصحاب العقائد الصحيحة مثلا أو ببيان الخرافات التي يرفضها الإسلام[١].

خطوات تدريس العقيدة الإسلامية:

١- التمهيد: وفيها عدة طرق وأشكال:

أ- قراءة آيات قرآنية تتحدث عن آيات وشواهد كونية تدل على قدرة الله وعظمته.

ب- رؤية فلم عن هذه الآيات والمشاهد الكونية

ج- مراجعة درس سابق وربطه بالدرس المطلوب

د- أن يقص على المتعلمين قصة (من القرآن أو من السنة) تتعلق بمعاني العقيدة مثل قصة أصحاب الكهف.

٢- عرض موضوع الدرس بتسلسل منطقي عن طريق طرح أسئلة على الطلاب والاجابة عنها والانطلاق من الاجابة إلى سؤال آخر وهكذا محاولا أن يثير عواطف الطلاب عن طريق المشاركة الوجدانية واقتناعهم بالايحاء.

٣- فترة حوار ومناقشة في الحقائق التي توصل إليها عن طريق عرض الدرس.

٤- تصويب ونقد الآراء ما يخالف المسائل العقيدية المطروحة

٥- استنباط العناصر الرئيسة في الدرس وكتابتها على السبورة والطلب من الطلاب نقلها في دفاترهم.

(١) الأساليب المفردة في تعليم وتعلم العقيدة الإسلامية ص/٤٣-٤٩ (بتصرف).

٦- توجيه أسئلة إلى المتعلمين للكشف عما استوعبوه وفهموه من الدرس ومناقشة الطلاب حول نتائج فهمهم للعقيدة وما يترتب عليها من سلوكيات وأخلاق في الواقع الحياتي[١].

درس نموذجي في العقيدة الإسلامية

- موضوع التوحيد-

الأهداف السلوكية للدرس

الأهداف المعرفية:

١- أن يعرّف المتعلم كلمة التوحيد في العقيدة الإسلامية

٢- أن يستخرج معنى توحيد الألوهية وتوحيد الربوبية في العقيدة الإسلامية

٣- أن يوضح أهمية إيمان المسلم بالتوحيد

الأهداف الوجدانية:

١- أن يحس المتعلم بأهمية التوحيد في العقيدة الإسلامية

٢- أن يفخر المتعلم بعقيدته

٣- أن يعتز المتعلم بمعرفته بتعريف الألوهية والربوبية

الأهداف النفس حركية (المهارية)

١- أن يتلو الطالب آيات التوحيد

٢- أن يصوغ تعاريف العقيدة والتوحيد

٣- أن ينطق بالشهادتين بصورة توضح إيمانه بالتوحيد.

خطوات الدرس:-

١- التمهيد : يكون التمهيد بحمد الله والصلاة على نبيه وأن يذكر المعلم بصورة مختصرة الدرس السابق ويربطه بالدرس الحالي, ثم يذكر لهم قصة قصيرة أو

(١) الأساليب المفردة في تعليم وتعلم العقيدة الإسلامية ص/٥٥-٥٦.

حكاية لطيفة تخدم موضوع درسه وتهيئ أذهانهن لتقبله واستيعابه وتشوق إليهم المعلومات الجديدة المنتظرة, وقد يكون التمهيد بأسئلة مرتبطة بموضوع سابق أو بواقعة سمعها من البيئة المحلية أو بأسئلة مرتبطة بالموضوع الجديد لكنها لا تمس صلبه, بل مهيئة وممهدة له, وقد يكون بربطه بمناسبة دينية كرمضان أو العيدين أو في ذكرى غزوة من غزوات الرسول صلى الله عليه وسلم أو مولده أو وفاته أو ما شابه ذلك.

الأداء أو التنفيذ أو العرض:

بعد أن يمهد المعلم لموضوعه, يرى أنهم أصبحوا مستعدين لاستقبال الجديد, يبدأ بعرض مادته الجديدة وذلك يختلف باختلاف طريقته التي اختارها.

١. أن يكون قد أعد قصة من الأثر, عليه أن يسردها عليهم سردا مؤثرا يظهر تأثره الشخصي وإيمانه النفسي, أو أن يكون قد أعد نصا من القرآن الكريم يكتبه على السبورة أو على لوحة ورقية. فيقرأ النص مرات عديدة حتى يطمئن إلى أنهم قد أجادوه ثم يناقشهم فيه مركزا على أهدافه السلوكية التي سجلها.

٢. يتحدث لهم عن المغيبات وآثارها, فمثلا هم لا يرون الله سبحانه وتعالى لكنهم يرون مخلوقاته في السماء والأرض فيكون في هذا تركيز على عظمة الخالق وروعة الخلق، وخير قصة يتمثل بها هذا الموضوع هي قصة سيدنا ابراهيم عليه السلام في رؤية الكواكب وهي تظهر تم تأفل ثم يبرز معنى إيمانه بخالقها وتأثير ذلك.

وربما يروي قصة البدوي الذي سئل: كيف آمنت بالله؟

فأجاب بأن البعرة تدل على البعير, والأثر يدل على المسير والسماء بأبراجها والأرض بفجاجها تدل على خالقها وهذا ما دعاه إلى الإيمان(١).

(١) طرائق تدريس القرآنيات والاسلاميات وأعدادها بالاهداف السلوكية ص/١١٧-١١٩ (بتصرف).

٣. وفي أثناء العرض يستفيد المعلم في الأفلام السينمائية والوسائل والتقنيات التي تصور الأفلاك السينمائية والوسائل والتقنيات التي تصور الأفلاك والكواكب المختلفة ليثبت للمتعلمين دقة مسيرة الكون ونظامه الذي لابد له من مدبر يدبره وينظمه. وهو الله سبحانه وتعالى.

الربط:

وفي نهاية الموضوع يقوم المعلم بتجميع أجزاء المحاضرة وربطها للخروج بفكرة عامة تساعد في غرس العقيدة أو تنميتها في المتعلمين. وقد يطلب المعلم قراءة المتعلمين للموضوع من الكتاب المقرر لزيادة تثبيت المعلومات المطلوبة.

التقويم:

يوجه المعلم إلى متعلميه مجموعة من الأسئلة الشاملة للأمور المعرفية والوجدانية والمهارية وهذه الأسئلة تدور حول الأهداف التي رصدها في بداية اعداده للاطمئنان على تحقيقها مراعيا في ذلك تنوعها وشمولها وتدرجها وقياسها للمستويات المختلفة للأهداف السلوكية.

الواجب المنزلي واغلاق الموقف الصفي

يكلف المعلم متعلميه بواجب منزلي يراعي فيه المستوى، وقد يكون مجموعة من الأسئلة التي أعدها المعلم أو أسئلة الكتاب المقرر أو حل التدريبات, أو الكتابة عن قصص قرآنية أو أحاديث بنفس المعنى الذي درسه في هذه المحاضرة مع الانتهاء بدعاء للطلبة ولنفسه أن يوفقنا الله لأن نعمل ما يرضيه.

تدريس الفقه الإسلامي:

الفقه هو العلم بالأحكام الشرعية العملية من أدلتها التفصيلية بالاستدلال, ويقتصر على العبادات والمعاملات.

والأحكام العملية تثبت بالأدلة القطعية كآيات القرآن الكريم إذا احتملت معنى واحدا والحديث المتواتر إذا احتمل معنى واحدا. وتثبت بالأدلة الظنية التي تحتمل أكثر من معنى واحدٍ أما الأحكام فهي الوجوب والندب والاباحة والكراهة والحرمة وكون العقد صحيحا أم باطلا أم فاسدا.

والشرعية هي ما يؤخذ من الكتاب أو السنة أو بالاجتهاد.

والعملية هي ما يأخذ من الكتاب أو السنة أو بالاجتهاد والعملية هي ما يصدر عن المكلف (البالغ العاقل) من أقوال وأفعال وتصرفات سواء أكانت في العبادات أم في المعاملات أم في الجنايات سواء تعلقت بالأفراد أو بالجماعات, وفي حالة السلم أو حالة الحرب.

أما الأدلة التفصيلية فهي الأدلة التي يتعلق كل دليل فيها بحكم مسألة جزئية كآية في القرآن الكريم تثبت حكما معينا كقوله تعالى(وَلَا تَقْرَبُوا الزِّنَا إِنَّهُ كَانَ فَاحِشَةً وَسَاءَ سَبِيلًا) [الإسراء:٣٢] فالآية دليل تفصيلي يتعلق بمسألة جزئية هي (الزنا) والتي أعطاها حكما هو (الحرمة).

ومن خصائص الفقه الإسلامي صفته الدينية لأنه يستمد أصوله من الكتاب والسنة وكذلك شموليته لأنه ينظم كل جوانب الإنسان أو الجماعة أو الدولة ومن ثم مرونته أي عدم جموده وايفائه بحاجات الناس ووضع الحلول لها, ثم أن الفقه الإسلامي خال من الحرج والمشقة حيث يقول تعالى:(لَا يُكَلِّفُ اللَّهُ نَفْسًا إِلَّا

وُسْعَهَا) [البقرة:٢٨٦] ثم إنه يرتبط بتحقيق المصالح الإنسانية دنيوية وأخروية وبذلك يضمن تطبيق أحكامه بجزائين دنيوي وأخروي.

ويمكن الرجوع إلى فقه الجمهور والأخذ عمن نشاء لأن الجميع يعتمدون على كتاب الله وسنة نبيه. والمرونة التي يتمتع بها الفقه الإسلامي يجعل من السهل الرجوع إلى كل المذاهب والفروع والأخذ عنها ما دامت الأحكام التي ذكروها منسوبة إلى القرآن والسنة والاجتهاد، أما العبادات فهي مجموعة عبادة والعبادة في اللغة الطاعة والانقياد أما في اصطلاح فهي اسم جامع لكل ما يحبه الله ويرضاه من الأقوال والأعمال الباطنة والظاهرة وهي عند الأصوليين الصلاة والصوم والحج والزكاة وما يتعلق بكل منها. وهي حق الله على عباده يعبرون بها عن اقرارهم له بالألوهية والربوبية ومقابلة احسان الله بالشكر والاحسان وكل ما غيرها في الفقه الإسلامي فهو معاملات وفي دراسة الفقه فإن التربية الإسلامية تهدف إلى:-

١. تنمية القدرة لدى المتعلمين لفهم الأحكام الشرعية من آيات القرآن الكريم ومن الأحاديث الشريفة وتنمية ادراك الترابط الوثيق بين فروع علوم الشريعة كالعلاقة بين الفقه والقرآن. أو الفقه والتفسير, والفقه والحديث أو الفقه والعقيدة.

٢. تزويد المتعلمين بالمعلومات الدقيقة عن التشريع الإسلامي واكسابهم المعرفة الدقيقة الصحيحه به.

٣. تنمية ادراك المتعلمين لأهداف التشريع للتعمق في الاتجاه نحو الفقه الإسلامي ليعتقد بأفضلية التشريع الإسلامي على التشريعات الأخرى.

٤. تحويل المعلومات والمعارف الفقهية النظرية إلى عمل وسلوك وأخلاق عملية وعدم الاكتفاء بالناحية النظرية فالفقه عمل وأداء وتطبيق.

٥. ربط المتعلمين بقيم انسانية نبيلة كحب الجماعة وتآلف القلوب وتقارب النفوس[1].

أهداف تدريس الفقه الإسلامي:-

١. أن يعطي المتعلم تعريفا للفقه.

٢. أن يستشهد المتعلم بالآيات القرآنية التي تبين أحكام الفرائض.

٣. أن يدرك المتعلم الاسهامات التي قدمها العلماء في تبسيط الفقه وادراكه.

٤. أن يعرف المتعلم الفروض الإسلامية وفروعها.

٥. أن ينهج المتعلم نهجا وسطا في سلوكاته.

٦. أن يعتقد المتعلم بالطابع التربوي للأحكام الفقهية.

٧. أن يلتزم المتعلم بالأخلاق الفاضلة عند تعامله مع الآخرين.

٨. أن يدرك المتعلم أهمية الانسان في المجتمع

٩. أن يعرف المتعلم مكانة المراة في المجتمع

١٠. أن يقوم المتعلم بأعمال الوضوء بشكل صحيح.

١١. أن يعتاد المتعلم الكلام الطيب ويتجنب فحش الكلام.

١٢. أن يكتسب المتعلم العادات الإسلامية في كل حركاته وسلوكاته.

---

(١) المرجع في تدريس علوم الشريعة ص/٤٧١-٤٧٢ (بتصرف).

تدريس حصة في الفقه الإسلامي

المادة: التربية الإسلامية

الموضوع/الوديعة

السنة/التاسع الأساسي

الأهداف الخاصة:

١. أن يعرف المتعلم مفهوم الوديعة

٢. أن يبين أدلة مشروعيتها في القرآن والسنة.

٣. أن يحدد المتعلم أطراف الوديعة

٤. أن يستنتج المتعلم أركان الوديعة

٥. أن يدرك المتعلم الحكمة من مشروعية الوديعة

٦. أن يتعرف على أحكام الوديعة

٧. أن يستوعب المتعلم متى يضمن المودع عنده الوديعة

٨. أن يستوعب المتعلم متى لا يضمن المودع هذه الوديعة

الوسائل التعليمية:

١. السبورة

٢. المناقشة

٣. التمثيل

٤. كتابة الآيات القرآنية الخاصة بالوديعة على ورق وبخط واضح

٥. كتابة الأحاديث النبوية الخاصة بالوديعة على ورق المقوى وبخط واضح

٦. كتابة أطراف الوديعة على ورق مقوى وخط واضح.

التمهيد/تهيأة أذهان الطلاب للدخول بالدرس الجديد عن طريق تذكير الطلبة بعض خصائص الدين الإسلامي وأنه وضع الأحكام الشرعية التي يلتزم بها الأفراد, ومنها المعاملات كالسلم والعارية والرهن والاجارة والبيع, ومن هذه المعاملات (الوديعة).

يستخدم المعلم أسلوب التمثيل مع بعض الطلاب للوصول إلى معنى (الوديعة).

المناقشة/يطلب من الطلاب: أن يعرفوا معنى الوديعة ثم يعرفها إليهم والتي هي "ما يترك من مال وغيره لدى الغير ليحفظه ويرده إلى صاحبه متى طلبه".

يبين لهم أن الوديعة وسيلة للتعاون المستمر والترابط بين الناس فغالبا ما يحتاج الانسان إلى الآخرين ليحفظ ماله عندهم ويودعها لديهم فيحفظوا هذه الأمانة ويردوها إليه متى طلبها يطلب من بعضهم أن يعيد تعريفها يقوم المعلم بتسجيل التعريف على السبورة.

ثم يسألهم عن حكم مشروعية الوديعة, كأن يسأل ما الأدلة على مشروعيتها من القرآن الكريم ومن السنة النبوية كتقويم قبلي ثم يبين لهم مشروعيتها في الإسلام والدليل على ذلك في القرآن الكريم والسنة النبوية.

فمن القرآن الكريم قوله تعالى: ﴿ فَإِنْ أَمِنَ بَعْضُكُمْ بَعْضًا فَلْيُؤَدِّ الَّذِي اؤْتُمِنَ أَمَانَتَهُ وَلْيَتَّقِ اللَّهَ رَبَّهُ ﴾ [البقرة:٢٨٣]. ومن السنة النبوية "والله في عون العبد ما كان العبد في عون أخيه" وقوله عليه الصلاة والسلام "رد الأمانة إلى من أئتمنك ولا تخن من خانك" فإذا وجد الشخص في نفسه أهلية لحمل الأمانة فيستجيب بأن يقبلها ويحفظها. والوديعة أمانة ونوع من أنواع التعاون المثمر والطيب بين الناس, وتعاونا يبتغي فيه الإنسان مرضاة الله تعالى.

يعلق المعلم وسائله التعليمية "ورق المقوى" مكتوبا على احداها "الآيات القرآنية" وفي الثانية "الأحاديث النبوية" ثم يخرج طالبين أحدهم يقوم بدور المودع والثاني

بدور المودع عنده وتكون الوديعة موجودة بينهما ويجري بينهما كلام مناسب مـن خـلال أسـلوب تمثيلي, يتبين من خلاله كلام مناسب من خلال أسلوب تمثيلي , يتبـين مـن خـلاله أطراف الوديعة, المـودع وهـو الشخص الذي يعطي الشيء المراد حفظه وايداعه، والثاني المـودع عنـده وهـو الشـخص الـذي يقـوم بأخـذ الوديعة وحفظها. والوديعة أي الطرف الثالث وهي الشيء المراد حفظه وايداعه.

يقوم المعلم بالتقويم الاثنائي "بالسؤال": عدد أطرف الوديعة أو من هو المـودع؟ أو مـاذا يسـمى الشـخص الذي يعطى الوديعة؟

يكون الأسلوب التمثيلي الذي يطلب المعلم من الطلاب القيام به وقد يكرره بـين طـلاب متعـددين أسـلوبا تعليميا يضاف إليه كتابة أطراف الوديعة على ورق مقوى وبخط واضح ويعلق على السبورة أو على جـدار الصف.

ولغرض أن يستنتج الطلاب أركان الوديعة يكرر المعلم أحداث التمثيلية التي تبين أركانها عـدة مـرات عـلى أن يظهر في التمثيل القبول والايجاب، ويحاول المعلم التقويم الاثنائي بالسؤال عن أركان الوديعـة ومـن أي طرف يكون الايجاب، من وأي طرف يكون القبول .

ثم يناقش المعلم مع طلبته حكمة مشروعية الوديعة ويسجل تلك الحكمة على شكل نقاط على السبورة مثل:-

— هي نوع من أنواع التيسير والتسهيل على الناس بعض أمور حياتهم.

— أنها تعاون مثمر

— أنها قضاء لحاجة الانسان (إن كان في حاجة) كأن يريد السفر من مكان إلى آخر ويتعذر معه حمـل الوديعة معه.

بعد ذلك يقوم المعلم بتقويم قبلي للخطوة القادمة كأن يسأل الطلاب "متى يستجيب قبـول الوديعـة؟ وعدد أحكام الوديعة. وما هو الدليل عـلى أن الوديعـة عبـارة عـن أمانـة. والغـرض مـن ذلـك أن يتعـرف الطلاب على بعض أحكام الوديعة عن طريق المناقشة ويقوم المعلم ببيان أحكام الوديعة ومن جملتها أن المسلم إذا شعر بقدرته

على حفظ الوديعة فيستحب له أن يقبلها ويودعها وأن الوديعة كسائر الأمانات يجب حفظها ويحرم عليه أن يخونها لقوله تعالى: (إِنَّ اللَّهَ يَأْمُرُكُمْ أَنْ تُؤَدُّوا الْأَمَانَاتِ إِلَى أَهْلِهَا) [النساء:٥٨].

ثم يقوم المعلم بسؤال الطلاب "متى يجب على المودع عنده أن يضمن الوديعة؟ وكيف يضمن المودع عنده الوديعة؟ لغرض أن يستوعب الطلبة متى يضمن المودع عنده الوديعة.

يسجل المعلم النقاط على السبورة بعد استعمال أسلوب المناقشة بعد أن يوضح لهم أن الوديعة أمانة في يد المودع عنده يجب عليه أن يحفظها ويحرم التفريط بها والتقصير في حفظها فإذا هلكت الوديعة بسبب التقصير أو الاهمال فإنه يجب عليه أن يضمنها وضمانها يعني بأن يأتي بمثلها أو بثمنها مثل أن يضع الوديعة في غير المكان المخصص الذي تحفظ فيه عادة كشخص أودع عند آخر مالا ولكن هذا الشخص لم يحفظه في المكان المخصص الذي يحفظ فيه المال عادة فسرقت هذه الوديعة فعليه هنا أن يضمنها, ومثال آخر مثل أن يستعمل الوديعة من غير إذن المالك كأن يلبس ساعة المودع من غير إذنه وهلكت الوديعة فعليه ضمانها.

يقوم المعلم بأسئلة تقويميه اثنائية مثل: الوديعة كانت علفا للانعام أساء وضعها في مكان أمين فسرقت أو أن المودع عنده قد استعمل الوديعة من غير إذن صاحبها فهلكت؟ فما هو حكم كل من ذلك.

وبعد ذلك يسأل المعلم:

وقد تهلك الوديعة ولا يضمن المودع ثمنها؟ كيف؟ والغرض من ذلك أن يستوعب الطلبة متى لا يضمن المودع عند الوديعة. أو أن يعرف الطالب كيف يعطي أمثلة على خلال الوديعة من غير تعد.

ثم يشرح لهم المعلم بأن الوديعة إن كان هلاكها وتلفها من غير تعد منه ولا تقصير فإنه لا يضمن مثل شخص أودع عند آخر سيارة فحفظها في مكان أمين ولكنه شب

حريق انتقل إلى هذا المكان فحرقت الوديعة وهلكت دون أن يستطيع انقاذها. فهو لا يضمن ثمنها.

ويطلب المعلم من الطلاب ضرب أمثلة على ذلك كنوع من التقويم.

ثم يقوم المعلم باعطاء واجب بيتي للطلبة من خلال أسئلة التقويم المذكورة في الكتاب المدرسي[1] ليطلب من الطلاب حلها في البيت وجلبها في اليوم التالي أو الحصة التالية. ثم يقوم المعلم بنوع من الدعاء الختامي لاغلاق الموقف الصفي.

---

(١) السؤالين هما:-
س١- ما الذي يمكن أن يحدث لمصالح الناس لو لم تكن الوديعة مشروعة في الإسلام.
س٢- قارن بين الوديعة والعارية من حيث الاستعمال. (التربية الإسلامية للصف التاسع ص١٩٣/).

تدريس السيرة النبوية الشريفة

يمثل النبي صلى الله عليه وسلم قمة الاقتداء في أمة لم تخالف رسالته فقد آمنت بها قبل خمسة عشر قرنا من الزمن فإن سيرة النبي صلى الله عليه وسلم اتسمت بالدقة والشمولية واستوعبت حقائق الحياة وجوانبها المتعددة. فسيرته صلى الله عليه وسلم بما فيها من كرم الرجولة مكارم الأخلاق وصفاء النفس والشجاعة والتفهم لكل جوانب الحياة والأساليب المعاصرة الرائدة في الدعوة والارشاد, وكان الآباء يعلمون الأبناء سيرة وشمائل النبي القائد صلى الله عليه وسلم منذ عهد الصحابة يقول سعد بن أبي وقاص رضي الله عنه وهو يخاطب ابنه "يا بني هذه شرف آبائكم فلا تنسوا ذكرها".

وتضم دراسة السيرة دراسة حياة الصحابة والأئمة الهداة لأن في سيرهم مُثل عليا. لأن الصحابة قد اقتدوا بالنبي محمد صلى الله عليه وسلم وقد قال الشاعر في ذلك:

يا هذه الدنيا اصيخي واشهدي أنا بغير محمد لا نقتدى [1]

فللنبي محمد صلى الله عليه وسلم منهجه الصحيح في الدعوة والتربية وقد رسم أمام المسلمين صوراً يتمثلونها عملاً وقدوة مقوية ايمانهم بالله وبدينه الذي يسعون لنشره. وعن طريقهم يتصل التراث بين ماضينا الجميل وحاضرنا الذي يحتاج تلك المعاني لاثراء مفاهيمه التي بدأ البعض ينساها.

ولدراسة السيرة العطرة لنبينا الأعظم محمد صلى الله عليه وسلم أهداف كثيرة منها:

١. تقوية الرابطة الإسلامية بين الأفراد وامتهم

٢. تنمية محبة النبي صلى الله عليه وسلم في نفوس المتعلمين والاعتزاز به وتنمية محبة صحابته رضي الله عنهم كذلك.

(١) من شعر شاعر الشباب العراقي وليد الأعظمي

٣. تنمية الأخلاق الفاضلة التي دعا لها النبي صلى الله عليه وسلم وكيفية الالتزام بها كالصدق والوفاء والايثار والتواضع والزهد والرحمة.

٤. أن يكون النبي صلى الله عليه وسلم قدوة المتعلمين في المدرسة والبيت والمجتمع فسلوكه صلى الله عليه وسلم ميزان لسلوك الأفراد جميعا.

٥. فهم التاريخ الاسلامي ونظمه وتطبيقاته من خلال دراسة سيرته صلى الله عليه وسلم.

٦. تغذية وجدان المتعلمين وعواطفهم بما يتعلمونه من سيرة المصطفى عليه الصلاة والسلام.

٧. اعطاء الفرصة للمتعلمين لاصلاح أنفسهم إن كان فيها أي خلل وجعل ذلك التغيير واضحا في سلوكاتهم مع المجتمع.

ويتم كل ذلك عند جعل النقاط التالية أسسا لتدريس هذا الموضوع المهم منها:

أ- أن المثل والقيم التي دعا لها الرسول صلى الله عليه وسلم فيها الكثير من العبر والعظات. حيث كانت حياته صلى الله عليه وسلم صراعا بين الحق والباطل وبين تثبيت القيم العليا والغاء القيم الوضعية التي أضاعت حقوق الناس وفقرائهم بالذات.

ب- إثارة عواطف ووجدان المتعلمين عن طريق اشاعة الجو الروحي. ويمكن أن يتم ذلك عن طريق تدريسها بشتى الطرق كالعرض التمثيلي مثلا على أن يتم بخشوع يليق بشخص الرسول صلى الله عليه وسلم.

ج- اختيار الموضوعات التي ترتبط ومواقف المتعلمين الشخصية في هذا العصر لتعزيز أهمية السيرة واشعارهم بأن الإسلام صالح لكل زمان ومكان وأحداثه تصلح لأن تكون خير مثال نقتدي به في أي وقت وزمن.

د-أن تكون أحداث السيرة مرتبطة بآيات القرآن الكريم وأحاديث الرسول صلى الله عليه وسلم.

وأن يختار للمتعلمين قصصاً هادفة وأشعاراً مؤثرة تساعد في تكامل المعرفة الدينية لديهم[1].

نموذج تطبيقي لتدريس السيرة الذاتية باستخدام التعلم الذاتي (أسلوب صحائف الأعمال)

الهجرة إلى المدينة المنورة

الموضوع/التربية الإسلامية

الدرس/السيرة النبوية

الصف/الثامن الأساسي

الأهداف الخاصة/

ينتظر من المتعلم أن:

- يستخلص سبب الهجرة إلى المدينة المنورة
- يوضح موقف أهل المدينة (الأوس والخزرج) من مقدم الرسول (ص) إليهم.
- يذكر عناية الله بالنبي صلى الله عليه وسلم وأبي بكر الصديق في طريق الهجرة إلى يثرب.
- يستخلص نتائج الهجرة النبوية.
- يعبر عن حبه للرسول صلى الله عليه وسلم (القدوة والأسوة) لكل المسلمين.
- يذكر تآمر المشركين على النبي صلى الله عليه وسلم قبل الهجرة.

التهيئة الحافزة (أربع دقائق)

بعد السلام والدعاء يسأل المعلم: لماذا هاجر النبي صلى الله عليه وسلم إلى المدينة؟ ومن كان يرافقه في هجرته؟ ولماذا كانت الهجرة؟ وبعد المناقشة يكتب المعلم

(1) تدريس التربية الإسلامية للمبتدئين ص/٢٩٩-٣٠٠ (بتصرف).

العنوان على السبورة ويبين المعلم للمتعلمين أسلوب العمل في دراسة هذا الموضوع.

توزيع صحف الأعمال (دقيقتان)

يوزع المعلم صحف الأعمال الخاصة بالدرس لكل متعلم ويطلب منهم الدراسة الذاتية للموضوع. وتنفيـذ التعليمات الواردة في صحف الأعمال. وهذه الصحف على النحو التالي:

١- الصحيفة الأولى (الأفكار الأساسية والفرعية)

الأهداف:

ينتظر منك أيها المتعلم أن:

— تستخلص خمسة عناصر أساسية للدرس

— تكتب تحت كل عنصر أساسي جملة واحدة تعبر عن مضمونه

....

— افتح كتابك (ص ٥٦-٦٠) واقرأ الدرس قراءة صامتة ولاحظ العناوين الأساسية.

— اكتب هذه العناوين في ورقة اضافية, واكتب تحت كل عنوان جملة تعبر عنه مثل:

— سبب الهجرة

— لنشر الدعوة في المدينة

—

—

—

....

راجع اجابتك بالاجابة الصحيحة خلف هذه البطاقة وصحح لنفسك.

الصحيفة الثانية

(المفاهيم والمصطلحات الأساسية والجديدة)

الأهداف:

ينتظر منك – أيها المتعلم – أن تحدد المقصود بالكلمات الآتية: الهجرة. الغار. المهاجرون. الأنصار. يثرب. الصديق. المشركون. قريش.

اقرأ الدرس باهتمام واكتب أمام كل مصطلح ما يدل عليه مستعينا بأستاذك أو بمعجم لغوي.

الكلمة	ما تدل عليه	الكلمة	ما تدل عليه
الهجرة		الأنصار	
الغار		يثرب	
المهاجرون		الصديق	
المشركون		قريش	

راجع اجابتك بالاجابة الصحيحة خلف هذه البطاقة وصحح لنفسك.

الصحيفة الثالثة

(العلل والأسباب)

الأهداف:

ينتظر منك أيها المتعلم أن تعلل:

— هجرة النبي صلى الله عليه وسلم سرا.

— مرافقة أبي بكر الصديق رضي الله عنه للنبي صلى الله عليه وسلم في هجرته إلى المدينة المنورة

....

— تلهف أهل يثرب لرؤية النبي صلى الله عليه وسلم بينهم ووصوله سالما.

....

- اعد قراءة الدرس, فيما حدث في طريق هجرة النبي صلى الله عليه وسلم مع أبي بكر الصديق رضي الله عنه.

- ظل النبي صلى الله عليه وسلم في الغار .... حتى خف ..... ثم خرجا من الغار وتابعا مسيرهما إلى ..... وسلكا طريقا .... ومعهما دليلهما.............

- لماذا رافق أبو بكر الصديق رضي الله عنه النبي صلى الله عليه وسلم في هجرته من مكة إلى يثرب؟

- هل وصل النبي صلى الله عليه وسلم وصاحبه إلى يثرب سالمين؟

- هل كانت عناية الله بهما هي السبب؟ كيف؟

هل كان حسن التخطيط النبوي للهجرة سببا لذلك؟ كيف؟

....

راجع اجابتك بالاجابة الصحيحة خلف هذه البطاقة وصحح لنفسك.

الصحيفة الرابعة

(الأدلة والشواهد)

الأهداف:

١- ينتظر منك – أيها المتعلم – أن تذكر الآية القرآنية الخاصة:

- بالهجرة النبوية الشريفة.

- بمرافقة أبي بكر الصديق رضي الله عنه لرسول الله صلى وسلم في هجرته إلى المدينة.

- بنزول السكينة على النبي صلى الله عليه وسلم وصاحبه رضي الله عنه

٢- ينتظر منك أن تعرف الأنشودة التي أنشدها أهل يثرب حين وصول النبي صلى الله عليه وسلم وصاحبه رضي الله عنه إلى المدينة.

....

أ- استخرج الآية القرآنية الخاصة بـ:

١- بالهجرة النبوية الشريفة

٢- مرافقة أبي بكر الصديق رضي الله عنه للنبي صلى الله عليه وسلم في هجرته إلى المدينة المنورة.

٣- بنزول السكينة على النبي صلى الله عليه وسلم وصاحبه رضي الله عنه.

ب- اذكر الأنشودة التي استقبل بها الأنصار رسول الله صلى الله عليه وسلم حين قدومه إلى المدينة المنورة.

....

اقرأ النصوص جهرا أمام زملائك أو أمام معلمك... وتأكد من صحة النطق.

استمع إلى النطق الصحيح من معلمك أو من الشريط المسجل أن وجد لتتأكد من النطق الصحيح.

الصحيفة الخامسة

(الاتجاهات والقيم)

الأهداف:

ينتظر منك أيها المتعلم أن:

— تستنتج ثلاثة عبر من هذا الدرس.

— تظهر حبك للرسول صلى الله عليه وسلم.

— تقدر الأنصار على مواقفهم الشهمة في استقبال النبي صلى الله عليه وسلم.

— تشكر الله الذي ألف بين قلوب المؤمنين (أنصارا ومهاجرين) ليزدادوا إيمانا وينصروا الله ورسوله.

....

بعد دراستك هذا الموضوع استنتج:

— عوامل نصرة أهل المدنية للنبي صلى الله عليه وسلم

— ثلاثة عبر استفدتها من هجرة النبي صلى الله عليه وسلم إلى المدينة.

— اذكر رأيك في صحبة أبي بكر الصديق رضي الله عنه للنبي محمد صلى الله عليه وسلم وتعريض نفسه للخطورة.

— اين تكون كلمة الكفر واين تكون كلمة الايمان؟

— افتح مصحفك على سورة التوبة واقرأ الآية ٤٠.

— اكتب في المنزل موضوعا من تعبيرك في حدود صفحتين تتحدث فيها عن أسباب الهجرة وعن وقائع وأحداث الهجرة وتبين اعجابك بالنبي صلى الله عليه وسلم وبطولته وموقف أبي بكر الصديق رضي الله عنه الشجاع في هذه الرحلة (الهجرة).

أسئلة اختبارية:

س: بين الأفكار التي يجب الأخذ بها حين تصميم التدريس.

س: ما هو مفهوم طريقة التدريس.

س: ما هي الأمور الواجب الأخذ بها عند وضع استراتيجية معينة أو طريقة معينة
    للتدريس؟

س: ما معنى الطريقة؟ وما الفرق بينها وبين الأسلوب؟

س: من الصعب أن تحدد طريقة واحدة لجميع المعلمين.. اذكر عوامل ذلك.

س: ما هي أهداف طرق التدريس؟

س: اكتب عن التدريس في التربية الإسلامية. وما هي الطرق المتميزة فيها.

س: اذكر أشهر طرق التدريس المتبعة في التربية الإسلامية.

س: ما معنى الطريقة الافقية؟

س: صمم درسا في احدى فروع التربية الإسلامية؟

الوحدة السادسة

التقويم

التقويم ومفاهميه

الاختبارات التحصيلية

الاختبارات الشفوية

الاختبارات التحريرية

المقالية

الموضوعية

عزيزي الطالب

لابد في نهاية كل درس تربوي وكل فصل دراسي من كل عمل تقويمي للمعلم. أن تصاحبه أنواع من التقويمات القبلية والتكوينية وهذه الوحدة ستبين أغراض وأنواع التقويم ثم تبيان مستوياته وأداته ومجالاته كتقويم المعلمين والمتعلمين. وصولا إلى تقويم نشاطات الطلبة الصفية واللاصفية.

والاختبارات أنواع كثيرة. سنمر عليها لنتعلمها ونفرق بينها وبين فوائدها في العملية التقويمية.

التقويم ومفاهيمه

الاهتمام بالتقويم في عمليتي تعليم وتعلم التربية الإسلامية, يعكس الأهمية في تحديد ما يتحقق من الأهداف التعليمية أثناء سير عملية التدريس, والتي ينتظر أن تنعكس إيجابيا على طالب التربية الإسلامية والعملية التربوية جميعها ولغرض تعزيز عناصر القوة في عمليتي التعليم والتعلم واقرارها ومكانتها ومعالجة عناصر الضعف فيها لتحسين التدريس. إلا أن بعض معلمي التربية الإسلامية يبالغون في اعطاء التقويم أهمية كبرى إلى درجة اعتبار عملية التعليم والتعلم في التربية الإسلامية وسيلة لخدمة أهداف التقويم, وتنعكس درجة هذه المبالغة إلى درجة التأكيد على الموضوعات التي يكثر أن تأتي فيها الأسئلة عند مراحل الامتحانات العامة.

أما تعريف التقويم: قيام المعلم باصدار حكم على قيمة الدرجات التي حصل عليها من عملية القياس والاختبار ومحاولة الكشف عن نقاط الضعف وتصحيحها في عملية التعليم, فهو عملية منظمة لجمع وتحليل المعلومات لتحديد مدى تحقيق الأهداف التدريسية من قبل الطلبة واتخاذ قرارات بشأنها.

أغراضه:

والتقويم له أغراض هي:

١. معرفة مدى ما تحقق من الأهداف التدريسية القصيرة المدى, والتي تدعى (الأهداف السلوكية). والطويلة المدى في مجالات الأهداف المعرفية والوجدانية والمهارية.

٢. الحكم على تقدم الطلبة في مجالات التعلم وأدائهم في مادة التربية الإسلامية ضمن المجالات الثلاثة المعرفية والوجدانية والمهارية.

٣. تزويد المعلم بالتغذية الراجعة عن فاعلية تدريسه للتربية الإسلامية (أهداف, محتوى, طريقة) لتكون عملية التقويم عملية تشخيصية ووقائية, وعلاجية, تساعد المعلم في تطوير أساليب وطرائق تدريسه.

٤. تزويد المتعلم بالتغذية الراجعة التي تساعده على الضبط وما ينبغي له أيضا تعلمه في التربية الإسلامية, وتبين ماهية ضعفه في تحصيله والنقاط التي يحتاج إلى التركيز عليها ثم تطوير أساليب تعليمه التي يمارسها.

أنواعه:-

ينقسم التقويم من حيث أهدافه وأغراضه إلى ثلاثة أقسام هي:-

١- التقويم القبلي: ويهدف إلى:

أ- تحديد مستوى استعداد المتعلم للتعلم

ب- التعرف على نواحي القوة والضعف في تعلم المتعلمين.

ج- التعرف على المشكلات الدراسية التي تعيق التعلم عند المتعلمين.

د- معرفة تحديد مستوى القدرات والاهتمامات والميول لدى المتعلمين.

٢- التقويم التكويني أو الاثنائي: ويقوم التقويم التكويني أو الاثنائي على مبدا تقويم عمليتي التعليم والتعلم أثناء سير التدريس بهدف تحديد مدى تعلم المتعلمين في عمليتي التعليم والتعلم ومدى فهمهم لموضوع محدد في حصة أو حصتين أو وحدة دراسية.

أما الأدوات التي تستخدم لذلك فهي الأسئلة الصفية التي يوجهها المعلم أثناء سير التدريس في داخل الصف, والتمارين والتطبيقات (إن وجدت) الصفية والبيتية والامتحانات (الاختبارات) القصيرة والاختبارات الشفوية.

٣- التقويم الختامي: يقوم هذا التقويم على مبدأ تقويم عمليتي التعليم والتعلم بعد انتهائها. ويهدف إلى:

أ- معرفة ما تحقق من الأهداف التعليمية الطويلة المدى للتربية الإسلامية.

ب- تقرير مدى تحصيل كل متعلم وكفاءته في نهاية فترة التعلم.

ومن بين أدواته الامتحانات التحريرية التي يقوم بها المعلم في نهايات في فصوله الدراسية أو الشهرية.

ومن سمات هذا التقويم الجيد أن يشمل جميع جوانبه الشخصية للمتعلم, أي قياس النمو المتكامل من حيث الأهداف المعرفية والمهارية والوجدانية. فلكل جانب منها جوانبه في أساليب القياس والتقويم.

وربما تكون الامتحانات الشفوية والتحريرية وكتابة البحوث والتقارير هي الطرق التي يكشف بها المعلم عن المستوى المعرفي للمتعلمين.

مستوياته:-

إن الأسئلة التقويمية قد حددت من قبل التربويين والتي تصنف مستويات المعرفة لها في الاختبارات الشفوية والتحريرية.

ومن تلك التحديدات, تصنيف (بلوم) الذي أورد الأسئلة في فئات مختلفة منها ما يتطلب مستويات عليا في التفكير وأسئلة تتطلب مستويات دنيا منه.

ثم تصنيف (سكنر) الذي يتطلب مستويات دنيا من التفكير وأسئلة تتطلب مستويات عليا منه.

وصنفت الأسئلة تصنيفا ثنائيا حسب نوعية الاجابات, وهي الأسئلة المغلقة والأسئلة المفتوحة.

أدواته:- وأدوات التقويم هي وسائل جمع المعلومات عن أداء المتعلم مثل الاختبارات الكتابية والشفهية والعملية والواجبات المنزلية وملاحظات المعلمين ويستند التقويم ووسائل تقييمه على:-

١. الملاحظة

٢. السجل التارخي والذي يمكن الرجوع إليه حيث يتم تعريف أهداف المساق أو الوحدة.

٣. المقابلة

٤. الاختبارات التحصيلية

مجالاته:

أما مجالات التقويم في التربية الإسلامية فتدور في أربعة نقاط :-

الأولى: تقويم المتعلمين: حيث عنيت التربية الإسلامية وعلماء المسلمين بتقويم المتعلمين, والذي يطلب من المتعلم أن يصل بتعلمه إلى المستوى العالي المطلوب وقد ترك المعلمون المسلمون (من العلماء) أمثلة على قيامهم بهذا التقويم. فقد روي عن الإمام أبي حنيفة أنه أرسل إلى تلميذه (ابي يوسف) عدة أسئلة ليجيب عليها بعد أن علم باستقلاله بجلسة عنه, فأجاب أبو يوسف عن بعضها ولم يتمكن من الاجابة عن البعض الآخر. فقال له أبو حنيفة رحمه الله (تزببت قبل أن تحصرم) فمن ظن أنه يستغني عن العلم فليبك على نفسه. وهذا يدل على أن أبا حنيفة رحمه الله قد طلب من تلميذه أبي يوسف ألا يمارس الافتاء قبل أن يلم بجانب العلوم المختلفة. وألا يكون معلما قبل أن يجاز من قبل معلمه.

الثانية:- تقويم المعلمين: وذلك عن طريق بعضهم لبعض وذلك بغرض التعرف على مكانة المعلم العلمية وقدرته وكفاياته التعليمية. وذلك لغرض انزال المعلم منزلته التي يستحقها ولا يقصد بذلك اظهار عجزه أو ضعفه، وإنما لتقويم ذلك.

وقد قام العلماء المسلمون بهذا العمل التقويمي على مدى التاريخ وأمثلة من ذلك:

١. أن علماء الحديث في العراق قوّموا الإمام البخاري.

٢. أن مجلسا قد عقد لتقويم الإمام مسلم. وكان يبحث في مكتبته على ما يسمعه من الجديد من الأمور ليضيفه إلى علمه.

تقويم المادة الدراسية:

وأولها الكتاب المنهجي أو التدريسي ومن كل جوانبه ليتم التأكد على أنه كتاب جيد يمكنه أن يؤدي المهمة التعليمية/التعلمية للتربية الإسلامية.

تقويم النشاطات:

أما الفعاليات المصاحبة لعملية التعليم والنشاطات الطلابية فهي بحاجة إلى التقويم لمعرفة مدى تحقق الأهداف التربوية من خلال ممارساتها.

الاختبارات التحصيلية:

وهي من أهم وسائل التقويم والأكثر استعمالا في المدارس منذ عهد بعيد, وهي الطريقة التي لا زالت سارية في الحكم على مستويات المتعلمين وتقييمهم واقرار نجاحهم أو رسوبهم.

أنواع الاختبارات:

أولا:- الاختبارات الشفوية:-

ويهدف هذا الاختبار إلى الكشف عن قدرات المتعلمين التي لا يمكن الحصول عليها بالاختبارات التحريرية, ثم التصحيح والعلاج لجوانب القصور وايجاد الحوافز للمتعلم, وتستخدم في المواد التربوية الشرعية (الإسلامية) لتقويم قدرة المتعلم على القراءة الصحيحة المجودة للقرآن الكريم والنطق السليم له في كل المراحل الدراسية.

ويستخدم الاختبار الشفوي أيضا بعد الانتهاء من مرحلة العرض لكل درس من الدروس, حيث قد تم فيه شرحه وتدرب المتعلمون على حسن الأداء, فيبتدئ المعلم بتقويم المتعلمين عن طريق القاء الأسئلة المباشرة حول جوانب الدرس الذي تم شرحه.

ومن مزايا هذه الاختبارات:

١.   أنها تناسب المتعلمين في المراحل المبكرة في التعليم الأساسي لعدم قدرتهم على القراءة والكتابة.

٢.   أنها تكشف المتعلمين المتقاربي المستوى.

٣. تساعد على سرعة تصحيح أخطاء المتعلمين ومعالجة الخلل الذي يقع على الفور.

٤. تكشف عن امكانية المتعلمين في الحوار والمناقشة.

٥. تبين سرعة التفكير والقدرة على الإجابة المبكرة عند المتعلمين.

٦. أنها تتيح المجال لتوجيه الأسئلة الكثيرة إلى المتعلمين في كل مراحل التعليم والاستفادة من الاجابات التي تركز المعلومات في أذهان المتعلمين.

أما عيوب هذه الطريقة فيمكن تحديدها بـ:-

١. أنها تستغرق وقتا طويلا إن كان عدد طلاب الفصل كثيرا.

٢. إن المتأخر ممن يسأل من التلاميذ تكون لديه القدره على الاجابة خيرا من المتقدم بسبب تكرر الأسئلة.

٣. التأثير على ذاتية المعلم, فهو يعرف طلابه وقد استقر في ذاته تقييمهم (كونه مجداً أو مهملاً أو غير ذلك) ويكون هذا التقييم ذو تأثير على فترة الاختبار.

٤. تكون الأسئلة بطبيعة الحال متفاوتة الصعوبة أو المستوى ولذلك لا تظهر قوة التفكير عند من يسأل سؤالا بسيطا أو صعبا.

إن من المؤكد أن هذه الاختبارات وإن كانت هناك العديد من السلبيات التي تحتويها, إلا أنها مهمة لتطوير امكانات الطلبة العلمية على أن تأخذ أسئلة الاختبارات النقاط التالية:

١. ارتباطها بموضوع الدرس

٢. وضوحها

٣. تنوعها

٤. تدرجها من السهل إلى الصعب ومن البسيط إلى المركب

٥. أن يحصر السؤال بجواب واحد.

٦. صحتها

٧. توقيت الأسئلة لمجريات مادة الدرس

ثانيا: الاختبارات التحريرية:

وتعتمد على سرد الحقائق والمعلومات والمفاهيم أو تلخيصها أو شرحها أو تفسيرها ومنها.

أ- الاختبارات المقالية:

وهي تلك الاختبارات التحريرية التي يطلب فيها من المتعلم الاستجابة إلى عدد قليل من الأسئلة بكتابة مقال قصير أو طويل, وتتميز الاختبارات المقالية بخصائص الاستجابة الحرة غير المقيدة. فالمتعلم لديه الحرية في تقدير كيفية تناول المشكلة وحلها, فاختبارات المقال تقيس قدرة المتعلم على التفكير وعلى استخدام ما اكتسبه من المعارف والمعلومات وتمكنه من بيان قدرته على تذكر الأفكار والمعارف وتحليلها وتركيبها وتنظيمها وتقويمها.

ويتطلب بناؤها صيغة محددة وواضحة بحيث يعرف المقصود منها دون تفسير أو تأويل أو غموض, وأن تصاغ بشكل يزود المتعلم بقواعد تمكنه من الاجابات المستندة إلى محكمات معينة وخاصة فيما يتعلق بالمسائل أو المعلومات المثيرة للجدل وأن تبدأ بكلمات مثل:

- اشرح

- قارن

- صف

- حلل

ويستحسن أن تصاغ على نحو قصصي أو تمثيلي.

الاختبارات الموضوعية:

في هذه الاختبارات يتلافى المعلم الكثير من أوجه قصور الاختبارات المقالية, فهي لا تتأثر بالعوامل الذاتية للمصحح لحصولها على نفس التقديرات إذا ما صححت من

قبل شخص واحد على فترات متباعدة أو صححها أشخاص لجنة التصحيح للمادة في نفس الوقت, وهذا يرجع إلى عدم احتمالية فقراتها إلى أكثر من اجابة صحيحة واحدة فقط. ومن هنا أتت تسمية (الموضوعية) لأن كل فقرة لها اجابة محددة صحيحة يمكن تقدير صحتها أو خطئها بدرجة عالية من الدقة, ويلاحظ في هذه الأسئلة وبعكس الأسئلة المقالية امكانية تغطيتها معظم جوانب المقرر الدراسي فضلا عن أنها تمتاز بالصدق والثبات وسهولة التصحيح. وهي تحتاج إلى ممارسة وتدريب ووقت طويل من المعلم لاعدادها كالقدرة على التفكير والابتكار وعرض وتنظيم المعلومات, كما أنها تجزئ الخبرات التي يحتويها منهج التربية الإسلامية.

ومن أهم أشكال ضروب الأسئلة المستخدمة في بناء الاختبارات الموضوعية ومنها:

١. أسئلة اكمال العبارات.

٢. أسئلة الاختيار من متعدد.

٣. أسئلة المقابلة أو المزاوجة.

٤. أسئلة الصواب أو الخطأ.

أسئلة اكمال العبارات:

تعطي مجموعة من العبارات يتخللها نقص يتجلى في فراغ محدد من العبارات المكتوبة ويترتب على الطالب ملء الفراغ بكلمة أو فقرة أو جملة معينة تجعل العبارة الأصلية كاملة وذات معنى واحد.

أسئلة الاختيار من متعدد:

وينقسم إلى قسمين:

الأول: يشير إلى العبارة التي تحدد المشكلة أو السؤال موضوع البحث ويسمى الجذر.

الثاني: هو مجموعة البدائل التي كثيرا ما تكون ثلاثة أو خمسة إحداها تشير إلى أفضل الأجوبة أو الجواب الصحيح.

أسئلة المقابلة أو المزاوجة:

ويطرح هذا الاختبار قائمتين من العبارات, الأولى فيها أسئلة الاختبار أما الثانية فتتضمن العبارات الدالة على الإجابات ويترتب على الطالب اجراء المطابقة بين كل عبارة من عبارات قائمة الأسئلة وما يقابلها من عبارات قائمة الاجابات وتبين التعليمات المرفقة بالاختبار ما يجب أن يفعله الطالب للدلالة على المطابقة كأن يرسم سهما بين عبارة السؤال وما يجب أن يفعله الطالب للدلالة على المطابقة كأن يرسم سهما بين عبارة السؤال وعبارة الاجابة أو يكتب رقم عبارة الاجابة إلى جانب عبارة السؤال.

ويجب مراعاة نقاط في هذا النوع من الأسئلة منها:

١.   ضرورة التجانس بين عبارات قائمة السؤال.

٢.   استخدام عبارات معقولة من حيث عدد الكلمات أو الجمل التي تشتمل عليها.

٣.   أن ترتب عبارات القائمتين بشكل عشوائي.

٤.   الاقتصار على عدد محدود من العبارات في القائمتين وأن تكون عبارات القائمتين متقاربة من حيث العدد.

٥.   تنويع العبارات من حيث الصياغة والتعقيد لتناسب مستويات الطلبة.

أسئلة اختبار الصواب والخطأ

تعتمد اجابات المتعلمين على معرفتهم التحصيلية, وتتميز هذه الأسئلة بجملة أمور منها:

١. توفير الفرص لتحليل اجابات المتعلمين وتشخيص نواحي ضعفهم وقوتهم في مجال التربية الإسلامية.

٢. القدرة على تغطية جوانب كثيرة من التربية الإسلامية وذلك ما يؤيد ثبات نتائجها.

٣. يؤدي إلى تنمية قدرة الطالب اللغوية والفكرية وذلك لتعدد العبارات وتباين صياغتها وتنوعها.

أسئلة اختبارية

س: ما هي مفاهيم التقويم؟

س: ما هي أغراض التقويم؟

س: ما هي أنواع التقويم؟

س: ما معنى التقويم التكويني؟ اشرح ذلك.

س: ما معنى التقويم الختامي؟ اشرح ذلك.

س: ما هي مستويات التقويم؟

س: ما هي مجالات التقويم؟

س: ما معنى الاختبارات؟ وما هي الأهداف منها.

س: عدد أنواع الاختبارات واشرح واحدة منها. مبينا فوائدها وعيوبها.

س: ما معنى أسئلة المقابلة أو المزاوجة؟

س: ما معنى الاختيار من متعدد؟

س: اشرح أسئلة اختبار الصواب والخطأ.

الخاتمــة

إن كتب طرق التدريس لأية مادة علمية يمكن أن يضاف إليها الكثير, لأن هذا العلم بحر زاخر لا ينتهي, إلا أن كثيرا ما يصمم ليستغرق احدى المساقات الجامعية في منطقة ما, أو مناطق تتماثل فيها نظم التدريس.

لقد ضمت صفحات هذا الكتاب دراسة تقليدية في التربية الإسلامية فكانت مقدمة لمفاهيم التربية الإسلامية التي تكررت البعض منها في كل كتب التربية الإسلامية تقريبا, إلا أنه لابد أن تعقبها دراسة جديدة في المنهاج الذي يشكل موضوعه أمرا مكملا للموضوع التقليدي السابق ذكره, فكل كتب التربية الإسلامية تتحدث عن المنهاج ولكنني باستعراض المنهاج التقليدي والمنهاج الحديث أكدت على أن التربية الإسلامية لا تشكل أية تقاطعات مع التربية المعاصرة.

إن أهداف منهاج التربية الإسلامية المعاصر يناهض التخلف عن مواقع التطور في التربية الحديثة, حيث تتطور التقنيات وهي أول من شجع عليها.

وعند تصميم دروس التربية الإسلامية لابد من معرفة ما يخطط لها, حتى يؤخذ هذا التخطيط بنظر الاعتبار لأن التخطيط من مقدمات الدروس الناجحة وللتخطيط مقوماته وأهدافه. ثم استشرافه للمستقبل سواء القريب منه أو البعيد ثم استشرافه للقيد الدراسي في المستقبل.

والتخطيط مهم في التدريس اليومي ولاعداد الدروس. وأنه أكثر من نوع فمنه قصير الأمد ومنه طويل الأمد وله خطوات معروفة.

وقد مثلنا نموذجا من تحضير الدروس اليومية في نهاية دراسة هذه الوحدة وفي نهاية التخطيط بدأت وحدة التدريس, إذ أنها مهنة لها مفاهيمها وللاسلام مفهومه لها أيضا كذلك استطردنا في ذكر النظريات والمتطلبات التدريسية, ثم عرجنا على أنماط العملية التدريسية واستراتيجياتها. وقد بينا فيها أن الإسلام لم يهمل استخدام

التقنيات المتاحة في عملية التدريس بل وقد وشجع على استخدامها منذ بدء الرسالة الإسلامية.

ثم تناولنا مرحلة تدريس الوحدات الدراسية وقد قدمنا لوحدة طرق التدريس بذكر الأساليب التدريسية التي تتجزأ عن الطرق نفسها فمنها أسلوب المحاضرة والاستقصاء والقياس والقصة والتعلم التعاوني والتعلم المفرد والتي سنخوضها في كتاب آخر بصورة تفصيلية عملية. ثم ذكرنا الطريقتين العمودية والأفقية في تدريس وحدات التربية الإسلامية مع نماذج في تدريس التلاوة والتفسير في وحدة القرآن الكريم وتدريس الحديث النبوي الشريف والعقيدة الإسلامية والفقه الإسلامي والسيرة النبوية الشريفة. مع نماذج تدريسية لكل منها مع الاهتمام باحدى الأساليب التدريسية التي نوهنا عنها مسبقا.

واعقبنا نماذج التدريس بوحدة التقويم, ثم التقويم عند المسلمين وما أخذت به التربية الإسلامية من أنواع التقويم. وشكل الاختبارات التي استخدمتها.

ولغرض الافادة من المصطلحات فقد ختمنا الكتاب بذكر بعض المفردات ومعانيها والاشارة إلى أماكن استخدامها للاستفادة منها في العملية التدريسية.

ولم ننس ذكر منهاج المستقبل بدراسة محدودة, حيث أن الزمن يضطرد بسرعته بما يقدم لنا من تقدم تقني بدأ يسيطر على مناهج التربية المختلفة ويطورها, فلابد إذن من وقفه للتربية الإسلامية معه لأن التربية الإسلامية كما حاولنا أن نظرة من خلال الوحدات الدراسية هي جزء مهم من التربية العالمية المعاصرة. وأنها تمتاز عنها بالنسبة لنا بأنها تعكس علاقتنا بالله والعقيدة وفي كل فروعها.

والله أسأل أن أكون قد وفقت في استعراضي لهذه الوحدات وأن أكون قد سددت وكانا قليل الارتياد بالنسبة لتربية هي الأساس الممثل لوجودنا والله أسأل أن يكون عملي هذا موفقا وقد قدمت خدمة لطلبة الدراسات الأولية والعليا في العلوم التربوية وكذلك إلى معلمي ومدرسي وأساتذة التربية الإسلامية الذين يعانون من الكتاب قليلا ووصول كتب مثيله إليهم.

"المصطلحات التربوية"

المستخدمة في الكتاب

وفيما يأتي ثبت بمعنى المصطلحات الواردة في الكتاب, استخدمتها في وحدات الكتاب إلا أن بعضها ذكرت بألفاظ أخرى غير أنها لا تختلف في المعنى. وقد قام بها مؤلفو كتاب المنهج المدرسي من منظور جديد باستخدام هذه المصطلحات داخل ذلك الكتاب باللفظ والمعنى. وهي عملية تسهل على القارئ المبتدئ أن يربط المعنى الذي يجده هنا ويراجعه في الكتاب كجزء من القاموس التربوي ونأمل أن يقوم مؤلفو الكتب التربوية بالحذو حذو مؤلفي الكتاب المذكور بكتابة المصطلحات التربوية التي يستخدمونها في آخر كتبهم لأن ذلك سيجمع للقارئ وخاصة الزملاء والطلبة الأعزاء, معجماً بالألفاظ التربوية قد يحتاج إليه تلامذة العلوم التربوية والنفسية, سواء أكانت دراساتهم أولية أم متقدمة قليلا ومن ذلك :

الأسس الاجتماعية للمنهج: تعني طبيعة المجتمع الإنساني وماهية ثقافته وعناصرها وما لذلك من أثر في تشكيل المنهج وتحديد اتجاهاته.

الأسس الفكرية للمنهج: هي الجوانب المتصلة بكل من الانسان ومن العالم الذي يعيش فيه في حياته الدنيا وحياته الآخرة.

المعرفة: تعني أن النفس الإنسانية تولد وليس لديها معرفة من أي نوع وتكون كالصفحة البيضاء, وأن المعارف تأتيها من الخارج .

الأهداف التربوية: هي ما تسعى التربية إلى تحقيقها في المتعلم وفي المجتمع الذي يعيش فيه من تغيرات وأوضاع مرغوب فيها سواء أكانت ايجادا من عدم أو تنمية لشيء موجود .

التربية في الإسلام: هي تنشئة الفرد على الايمان بالله ووحدانيته تنشأه تبلغ به أقصى ما تسمح به امكاناته وطاقاته حتى يصبح في الدنيا قادرا على فعل الخير لنفسه ولأمته وعلى الخلافة في الأرض وجديرا في الآخرة برضا الله وثوابه .

تطوير المنهج: يقصد بتطوير المنهج عمليتان, انشاء منهج جديد أو بناء منهج لم يكن موجودا من قبل, تحسين المنهج الموجود وتحديثه وادخال تعليمات عليه بحيث يصبح أكثر وفاء تحقيقا للأهداف المرجوة منه.

تقويم المنهج: هو العملية أو العمليات التي يقوم بها الأشخاص المعنيون لمعرفة قيمة المنهج المدرسي ومدى تحقيقه لأهدافه التي رسمت له أو لمعرفة الفرق بين المنهج كما رسم وخطط له ومن المنهج نفسه كما نفذ بالفعل.

الثقافة: هي كل ما توفر للانسان وللمجتمعات البشرية عبر السنين من علم ومعرفة وخبرة وعادات وتقاليد وتعامل مع بعضهم ومع العالم المادي حولهم.

طبيعة الانسان الفردية: تعني أن لكل منا فرديته وذاتيته المستقلة وله شخصيته التي ينفرد بها ويتميز عن غيره.

طرق التدريس الخاصة: هي تطبيق للطرق العامة في مواد الدراسة الخاصة ومواقف التعليم المحددة والطلاب الذين يدرسونها أو يستخدمونها في مجال دراسي محدد.

طرق التدريس العامة: هي التي تصلح للتطبيق في كل المجالات الدراسية وحقول المعرفة. والطلاب الذين يدرسونها يكونون متخصصين في مجالات دراسية مختلفة.

طريقة الاستقصاء أو الاكتشاف: فيها يقوم المتعلمون بأنفسهم بدراسة جملة من الظواهر أو الحقائق أو المعلومات لكي يصلوا من دراستهم لها إلى أي شيء جديد والمهم أن يصلوا إليه بأنفسهم وإن كان بتوجيه المعلم.

طريقة التدريس العامة: هي الأسلوب الذي يقدم به المعلم المعلومات والحقائق للمتعلمين أو هي الأسلوب الذي ينظم به المعلم المواقف والخبرات التي يريد أن يصنع تلاميذه فيها حتى تتحقق لديهم الأهداف المطلوبة.

الطريقة القياسية (السقراطية): وهي الطريقة التي يتم فيها مجادلة الآخرين وحوارهم فيما يعتقدون حتى يتبينوا أنهم على خطأ فيها ثم قيادتهم إلى الصواب.

طريقة المحاضرة: هي أن يعرض المعلم المعلومات والحقائق الخاصة بالموضوع الذي هو بصدده عرضا شفويا ومستمرا في الغالب دون توقف لمناقشة أو تساؤل حتى ينتهي من القاء ما عنده.

طريقة المناقشة: وفيها يناقش المعلم تلاميذه في الظاهرة التي بين أيدهم أو في الموضوع الذي هم بصدد دراسته عن طريق الأسئلة بحيث يصلون بأنفسهم ما أمكن إلى ما يريد أن يوصلهم إليه دون أن يلقي عليهم شيئا.

طريقة هاربرت: هي طريقة شبيهة بطريقة المحاضرة في قيام العبء كله تقريبا على المدرس دون مشاركة كبيرة من جانب المتعلمين ولها خطوات خمس معروفة هي: التمهيد, العرض, المقارنة, التعميم, التطبيق.

غايات التربية وأهدافها: الغايات هي ما ننشد تحقيقه على المدى البعيد وبشكل غير مباشر والمرامي والأهداف هي ما تنشد تحقيقه على المدى القريب وبشكل مباشر ومثلها الوظائف وما يتوسط يمكن تسميته بالأغراض والمهام.

طريقة المعرفة: تعني أن الحقائق والمعلومات موجودة كلها في نفس الانسان عندما يولد ولكنها تكون كافية في نفسه وتحتاج إلى تحريك واثارة لكي تخرج إلى حيز الوجود.

القياس: أن تصف كمية الشيء فقط دون أن تحكم عليها فنقول إن وزنه كذا أو طوله كذا.

مادة المنهج ومحتواه: هي خبرات التعلم التي يمر بها المتعلم سواء أكانت هذه الخبرات معلومات ومعارف وحقائق يحصلها ويكتسبها أو أنشطة يمارسها أو مواقف يعيشها ليكتسب من وراء ذلك ما تهدف إليه من اكتساب مهارة أو تجارة أو قيمة.

مكونات المنهج: هي التي يتكون منها ويتألف مثل الأهداف والمواد التعليمية والخبرات التربوية وطرائق التدريس والمعينات السمعية والبصرية وهي التي تقوم على مقوماته أو أسسه أو أصوله.

المناهج المتمركزة حول المادة الدراسية: هي ذلك النوع الذي يقوم أساسا على العلوم والمعارف وما يتعلمه المتعلم من معلومات وحقائق وقوانين ونظريات.

المناهج المتركزة حول المتعلم: وتدور حول نشاط المتعلمين وتركز على الأنشطة التي تتناسب مع حاجاتهم وميولهم واهتمامهم وخصائص نموهم, ومن أبرز صورها منهج النشاط والمنهج المحوري.

مناهج النشاط: هي مناهج تركز على المتعلم نفسه وتتخذ ميوله واهتماماته محورا لها وتشجعه على القيام بأنشطة متعددة تحقق له اكتساب الخبرات وتنمية المهارات, وهي أنشطة يقوم بها الطلاب ويمارسونها ومن خلال هذه الممارسة يتعلمون الكثير فيعرفون حقائق ومعلومات ويكتسبون اتجاهات وميولا ويكونون قيما ومثلا.

المنهج المدرسي: بمعناه الشامل هو كل نشاط تقدمه المدرسة وتنظمه وتشرف عليه وتكون مسؤولة عنه سواء تم داخل المدرسة أو خارجها وبمعناه الضيق هو مجموعة المواد أو المقررات الدراسية التي على المتعلم أن يدرسها في حجرة الدراسة وبمعونة المدرس.

الوحدة الدراسية: عبارة عن موضوع هام في موضوعات الدراسة التي تهم المتعلم بجمع حقل المعلومات من كل حقل من حقول المعرفة بحيث تتضح جوانبه ويدرسه الطالب متكاملا. [١].

(١) المنهج المدرسي من منظور جديد ص/٤١٧-٤٢٧ (بتصرف).

المصادر

١. د. أحمد علي الحاج محمد, التخطيط التربوي, اطار لمدخل تنموي جديد. دار المناهج. عمان/١٤٢٢هـ-٢٠٠٢م.

٢. د. ابراهيم محمد الشافعي, التربية الإسلامية وطرق تدريسها. مكتبة الفلاح. الكويت/١٤١٣هـ- ١٩٩٣م.

٣. د. فؤاد حسن أبو الهيجاء, أساسيات التدريس ومهاراته وطرقه العامة. دار المناهج- عمان/١٤٢٢هـ - ٢٠٠١م.

٤. صبيحي طه رشيد ابراهيم. التربية الإسلامية وأساليب تدريسها دار الأرقم للكتب. عمان/١٤٠٦هـ -١٩٨٦م.

٥. د. حسن شحاته. تعليم الدين الإسلامي بين النظرية والتطبيق. مكتبة الدار العربية للكتاب. القاهرة/١٤١٤هـ-١٩٩٤م.

٦. د. عبد الرحمن عبد السلام جامل, طرق التدريس العامة ومهارات تنفيذ وتخطيط عملية التدريس. دار المناهج. عمان/١٤١٨هـ-١٩٩٨م.

٧. د. محمد محمود الحيلة. مهارات التدريس الصفي. دار المسيرة للنشر والتوزيع والطباعة. عمان/١٤٢٣هـ - ٢٠٠٢م.

٨. د. ناصر أحمد الخوالدة ويحيى اسماعيل عيد. طرائق تدريس التربية الإسلامية وأساليبها وتطبيقاتها العملية, مكتبة الفلاح. دار حنين. عمان/٢٠٠١م.

٩. أ. محمد هاشم ريان وآخرون, أساليب تدريس التربية الإسلامية جامعة القدس. عمان/٢٠٠١م.

١٠.د. عزت جرادات وآخرون. مدخل إلى التربية. المكتبة التربوية المعاصرة (٢) ط٢ عمان/١٤٠٤هـ - ١٩٨٤م.

١١.د. اسحق الفرحان وآخرون. نحو صياغة إسلامية لمناهج التربية, سلسلة الدراسات والبحوث الإسلامية (التربية/١) ط٢ عمان/١٤٠٠هـ - ١٩٨٠م.

١٢.عبد الرحمن صالح عبد الله وآخرون, مدخل إلى التربية الإسلامية وطرق تدريسها. دار الفرقان. عمان/١٤١١هـ- ١١٩١م.

١٣.د. توفيق أحمد مرعي ود. محمد محمود الحبلة. طرائق التدريس العامة. دار المسيرة للنشر والتوزيع والطباعة. عمان/١٤٢٣هـ - ٢٠٠٢م.

١٤.د. عزمي أحمد ضمرة. تحليل المناهج وتقويمها ونقدها. ط١ الوراق للنشر والتوزيع. عمان/٢٠٠٢م.

١٥.د. توفيق أحمد مرعي و د. محمد محمود الحيلة. المناهج التربوية الحديثة مفاهيمها وعناصرها واسسها وعملياتها ط٣. دار المسيرة للنشر والتوزيع والطباعة. عمان/١٤٢٣هـ-٢٠٠٢م.

١٦.الدكتور عبد الرحمن عبد السلام جامل. طرق تدريس المواد الاجتماعية دار المناهج. عمان/١٤٢٢هـ - ٢٠٠٢م.

١٧.د. محمد صلاح علي مجاور, تدريس التربية الإسلامية أسسه وتطبيقاته التربوية ط٣. دار التعلم. الكويت/١٤٠٣هـ - ١٩٨٣م.

١٨.د. محمد الحيلة, طرائق التدريس واستراتيجياته ط٢ دار الكتاب الجامعي. العين/١٤٢٢هـ - ٢٠٠٢م.

١٩.د. السيد محمد دعدور. استراتيجيات التعلم. نحو تعريف جامع مانع وتصنيف جديد. المنصورة/٢٠٠٢م.

٢٠.أنور ابراهيم أبو دياك. الأساليب المفردة في تعليم وتعلم العقيدة الإسلامية المستخلصة من الكتاب والسنة وأثرها في التحصيل الدراسي على طلبة الصف الأول ثانوي. رسالة ماجستير جامعة اليرموك. اربد/١٩٩٤-١٩٩٥م.

٢١.د. هدى علي جواد الشمري. تقويم كتب التربية الإسلامية للمرحلة الاعدادية في العراق في ضوء الأهداف التربوية الموضوعة لها, أطروحة دكتوراة. كلية التربية ابن رشد/جامعة بغداد/١٤٢٢هـ ٢٠٠١م.

٢٢.محمد أمين المصري. لمحات في وسائل التربية الإسلامية وغاياتها دار الفكر. دمشق (د.ت)

٢٣.ج. مبالاريه مقدمة في العلوم التربوية, ترجمة الدكتور صالح عبد الله جاسم. جامعة الكويت. ط١٩٩٦/١م.

٢٤.مها عبد الباقي الجويلي. التربية والمجتمع, الاتجاهات الحديثة في التوظيف الاجتماعي للتربية. الاسكندرية/٢٠٠١م.

٢٥.د. عبد الرحمن عبد السلام جامل. الكفايات التعليمية في القياس والتقويم واكتسابها بالتعلم الذاتي. دار المناهج. عمان/١٤٢١هـ - ٢٠٠١م.

٢٦.ثائر حسين وعبد الناصر فخرو, دليل مهارات التفكير, ١٠٠ مهارة في التفكير جهينة للنشر والتوزيع. عمان/٢٠٠٢م.

٢٧.الدكتورة مجد الهاشمي. الاتصال التربوي وتكنولوجيا التعليم دار المناهج, عمان/١٤٢١هـ - ٢٠٠١م.

٢٨.د. سامي ملحم. القياس والتقويم في التربية وعلم النفس دار المسيرة للنشر والتوزيع والطباعة. عمان/١٤٢١هـ - ٢٠٠٠م.

٢٩.د. عبد الرحمن صالح عبد الله وآخرون. المرجع في تدريس علوم الشريعة. دار الفيصل الثقافية/١٤٢٢هـ - ٢٠٠٢م.

٣٠.د. عبد الرحمن صالح عبد الله وآخرون. المرجع في تدريس علوم الشريعة القسم الثاني. دار الوراق عمان/١٤١٨هـ - ١٩٩٧م.

٣١.سلمان خلف الله، المرشد في التدريس جهينة للنشر والتوزيع. عمان/ ٢٠٠٢م.

٣٢.د. موسى يوسف خميس. مدخل إلى التخطيط. دار الشروق ط١/عمان/١٩٩٩م.

٣٣.د. فلاح كاظم المحنة- العولمة والجدل الدائر حولها. الوراق للنشر والتوزيع. ط١ عمان/٢٠٠٢م.

٣٤.د. طه علي حسين الدليمي. محاضرات في طرائق تدريس التربية الإسلامية. المستوى الرابع. القلم. تعز /١٩٩٩م.

٣٥.د. سلمى الناشف. القياس والتقويم التربوي. أسس ومبادئ. دار الابداع للنشر والتوزيع. ط١ عمان/١٩٩١م.

٣٦.د. سعدون محمود الساموك ود. هدى علي جواد الشمري، أساسيات التربية الإسلامية. ط١ الوراق للنشر والتوزيع عمان/٢٠٠٣م.

٣٧.المجمع العلمي العراقي. ندوة العولمة والتربية، منشورات المجمع العلمي. بغداد/١٤٢٢هـ- ٢٠٠٢م.

٣٨.د. بركات محمد مراد. ظاهرة العولمة. رؤية نقدية- كتاب الأمة العدد ٨٦. قطر/١٤٢٢هـ - ٢٠٠٢م.

٣٩.عودة سليمان محمد القلقيلي, التعلم التعاوني في التربية الإسلامية وأثره في تحصيل طلبة الصف العاشر في محافظة اربد. رسالة ماجستير. كلية الشريعة/جامعة اليرموك- اربد/١٤٢٠هـ - ١٩٩٩م.

٤٠.د. مصطفى اسماعيل موسى, تدريس التربية الإسلامية للمبتدئين. دار الكتاب الجامعي. العين/٢٠٠٢م.

٤١.د. سعدون محمود الساموك ود.هدى علي جواد الشمري, مناهج التربية الإسلامية وأساليب تطويرها. دار المناهج عمان/١٤٢٣هـ - ٢٠٠٣م.

٤٢.ابن منظور, لسان العرب مادة ربا ج١٤ دار صادر بيروت/١٩٥٥م.

٤٣.الفيروز آبادي, القاموس المحيط, باب الواو والباء فصل الراء ج٤ بيروت/١٣٩٨هـ - ١٩٧٨م.

٤٤. البيضاوي, أنوار التنزيل وأسرار التأويل. مؤسسة شعبان للطباعة والنشر. بيروت (د.ت).

٤٥. عبد الرحمن الباني, مدخل إلى التربية في ضوء الإسلام, المكتب الإسلامي. بيروت (د. ت).

٤٦. عبد الرحمن النحلاوي, أصول التربية الإسلامية وأساليبها في البيت والمدرسة والمجتمع- القاهرة.

٤٧. رونيه أوبير, التربية العامة ترجمة عبد الله عبد الدائم دار العلم للملايين ط٢ بيروت ١٩٧٢م.

٤٨. ابن تيمية, مجموع فتاوى شيخ الإسلام تحقيق محمد عبد القادر عطا ومصطفى عبد القادر عطا. دار الكتب العلمية بيروت/١٩٨٧.

٤٩. ابن كثير. البداية والنهاية تحقيق د. احمد أبو ملحم وآخرون دار الريان للتراث, القاهرة/١٤٠٨هـ - ١٩٨٨م.

٥٠. البخاري, صحيح البخاري, دار احياء التراث العربي. بيروت (د. ت). دار ابن كثير ط٣ دمشق/١٤٠٧هـ - ١٩٨٧م.

٥١. د. محمد فاضل الجمالي. الفلسفة التربوية في القرآن الكريم ط٢, دار الكتاب الجديد (د. ت).

٥٢. علي خليل أبو العينين, فلسفة التربية الإسلامية في القرآن الكريم ط٢ دار الفكر العربي- بيروت.

٥٣. الغزالي أيها الولد. تحقيق علي محيي الدين. دار البشائر الإسلامية. بيروت/١٤٠٥هـ

٥٤. نوفل محمد نبيل. دراسات في الفكر التربوي المعاصر. جامعة عين شمس. كلية التربية. مكتبة الانجلو المصرية. القاهرة/١٩٨٥.

٥٥. د. محمد حامد الأفندي. نحو مناهج إسلامية. دراسات مجلة كلية التربية. جامعة الرياض العدد الأول. السنة الأولى/١٣٩٧هـ ١٩٧٧م.

٥٦. سعد عبد السلام حبيب, أسس التربية الحديثة. مكتبة النهضة المصرية/القاهرة/١٩٥٢م.

٥٧. محمد منير مرسي. أصول التربية الثقافية والفلسفية عالم الكتب. القاهرة/١٩٩٣.

٥٨. محمد بنيه حمودة, التأصيل الفلسفي للتربية. مكتبة الأنجلو المصرية, القاهرة/١٩٨٨.

٥٩. نيلز, مقدمة فلسفة التربية. ترجمة محمد منير مرسي وآخرون. عالم الكتب. القاهرة/(د. ت)

٦٠. جون ديوي. الخبرة والتربية. ترجمة منى عقراوي وزكريا ميخائيل ط٢ مطبعة لجنة التأليف والترجمة. القاهرة/١٩٥٢.

٦١. الشيخ محمد سلمان القضاة. مباحث في الاعتقاد والسلوك دار الرازي. عمان.

٦٢. د. عارف خليل, المنهج الإسلامي في دراسة التاريخ. دار الرياض – الرياض.

٦٣. د. علي مدكور. منهج التربية في التصور الإسلامي دار النهضة العربية (بيروت) دار الفكر العربي – القاهرة (د. ت).

٦٤. الغزالي, المنقذ من الضلال. مكتبة الجندي.. القاهرة (د. ت).

٦٥. عبد القدوس محمد القضاة, مصطلح الفلسفة الإسلامية (بحث غير منشور).

٦٦. عبد الرحمن النقيب. في آفاق البحث العلمي في التربية الإسلامية. دمشق.

٦٧. د. محمد فاضل الجمالي, فلسفة تربوية متجددة وأهميتها للبلدان العربية, دار التربية في الجامعة الأمريكية, دار الكشاف بيروت/١٩٥٦.

٦٨. د. ماهر اسماعيل الجعفري وكفاح العسكري, الفلسفة التربوية والاستراتيجية والأهداف السياسية التربوية في العراق في الرزمة التدريبية لاختيار مديري المدارس. وزارة التربية. العراق/١٩٩٨م.

٦٩.د. هشام الحسن وشفيق القائد, تخطيط المنهج وتطويره. دار الصفاء للنشر والتوزيع ط١
عمان/١٩٩٠م.

٧٠.محمد عزت عبد الموجود وآخرون, أساسيات المنهج وتنظيماته. أساسيات المنهج وتنظيماته، دار
الثقافة، القاهرة/ ١٩٨١م.

٧١.تيسير طه وآخرون, أساليب تدريس التربية الإسلامية ط١ دار الفكر. عمان (د. ت).

٧٢.ابراهيم أحمد الحارثي, تنظيمات المناهج وتخطيطها وتطويرها من منظور واقعي. مكتبة الشقيري,
الرياض/١٩٩٨م.

٧٣.د. طه الدليمي ود. سعاد الوائلي, مناهج اللغة العربية وطرائق تدريسها (مخطوطة).

٧٤.د. صالح ذياب هندي, تخطيط المنهج وتطويره ط١ دار الفكر للنشر والتوزيع. عمان/١٩٨٩م.

٧٥.د. محمد رضا بغدادي, التدريس المصغر برنامج لتعليم مهارات التدريس. مكتبة الفلاح ط١
الكويت/١٣٩٩هـ - ١٩٧٩م.

٧٦.د. مهدي محمود سالم والدكتور عبد اللطيف الحلبي, التربية الميدانية وأساسيات التدريس ط٢
مكتبة العبيكان. الرياض/١٤١٩هـ - ١٩٩٨م.

٧٧.د. نظلة حسن خضر, قضايا ومشكلات حيوية في التربية الإسلامية. عالم الكتب ط١ القاهرة/١٤١٥هـ
- ١٩٩٥م.

٧٨.أبو داوود. سنن أبي داوود بن الأشعث السجستاني, مراجعة محي الدين عبد الحميد. دار احياء
السنة النبوية. القاهرة (د. ت).

٧٩.البيهقي. السنن الكبرى.

٨٠.يوسف الحمادي, أساليب تدريس التربية الإسلامية. دار المريخ الرياض/١٤٠٧هـ - ١٩٨٧م.

٨١. محمد صالح سمك. فن التدريس للتربية الإسلامية. دار الفكر العربي. القاهرة/١٤١٨هـ

٨٢. فؤاد حسن حسين أبو الهيجاء. التربية الميدانية. دار المناهج. عمان/٢٠٠٣م.

٨٣. ابن ماجة,، سنن ابن ماجة. تحقيق محمد فؤاد عبد الباقي. مطبعة عيسى الحلبي ج٢.
القاهرة/١٣٧٢هـ

٨٤. د. عبد الرحمن صالح عبد الله. التربية العملية أهدافها ومبادؤها دار البشير ومؤسسة الوراق.
عمان/١٤١٨هـ- ١٩٩٧م.

٨٥. د. طارق علي العاني ود. أكرم حاسم الدليمي. طرائق التدريس والتدريب المهني. المركز العربي
للتدريب واعداد المربين. بغداد .

٨٦. د. صبحي الصالح. مباحث في علوم القرآن. دار العلم للملايين بيروت/١٩٦٤م.

٨٧. د. هدى علي جواد الشمري. مرويات محمد بن اسحاق الحديثة وموقف المحدثين منها. رسالة
ماجستير. كلية العلوم الإسلامية جامعة بغداد/١٩٩٨م.

٨٨. د. عابد توفيق الهاشمي. طرق تدريس التربية الإسلامية مؤسسة الرسالة, بيروت/١٩٨١م.

٨٩. أحمد المقري الفيومي, المصباح المنير, المطبعة الأميرية القاهرة/١٩٢٨م.

٩٠. مسند الامام أحمد بن حنبل. المكتب الإسلامي للطباعة والنشر. دار صادر. بيروت (د. ت).

٩١. ابن ماجه, سنن ابن ماجة حققه محمد فؤاد عبد الباقي دار الفكر للطباعة والنشر والتوزيع (د.
ت).

٩٢. الحاكم النيسابوري, المستدرك على الصحيين. مكتبة المطبوعات الإسلامية. بيروت (د. ت).

٩٣. ابن حجر العسقلاني, البخاري لشرح فتح الباري. دار المعرفة. بيروت (د. ت).

٩٤. محي الدين عبد الحميد, رسالة الآداب في علم أدب البحث

٩٥. الرازي, مختار الصحاح. المطبعة الأميرية. القاهرة/١٩٢٦.

٩٦. عبد الحي الكتاني, نظام الحكومة النبوية المسمى التراتيب الإدارية د. م/١٩٨٠م.

٩٧. الإمام مسلم, صحيح مسلم تحقيق محمد فؤاد عبد الباقي. دار احياء الكتب العربية (د. ت).

٩٨. الترمذي, الجامع الصحيح, تحقيق أحمد محمد شاكر, مطبعة مصطفى البابي الحلبي وأولاده, ط١ القاهرة/١٣٥٦هـ - ١٩٣٧م.

٩٩. سعيد الأفغاني, التربية عند ابن حزم (من أعلام التربية العربية الإسلامية) مجلد ٢, الرياض/١٤٠٩هـ ١٩٨٨م.

١٠٠. ابن عبد البر, جامع بيان العلم وفضله وما ينبغي في روايته وحمله. بيروت. دار الكتب العلمية (د. ت).

١٠١. بسما القصيرين, أثر استخدام التعليم التعاوني والتعليم الشخصي في تحصيل طلبة العاشر للمفاهيم التاريخية. رسالة ماجستير غير منشورة. جامعة اليرموك اربد/١٩٩٨م.

١٠٢. حسن منسي, أثر التعليم التعاوني في التحصيل لدى طلبة المرحلة الأساسية في الأردن, رسالة دكتوراة غير منشورة جامعة أم درمان الإسلامية. السودان/١٩٩٥م.

١٠٣. المتقي الهندي, كنز العمال. تحقيق بكري حياني ومصطفى السقا, مؤسسة الرسالة (د. ت).

١٠٤. الخطيب البغدادي, الجامع لاخلاق الراوي وآداب السامع, مكتبة الفلاح. الكويت/١٤٠٩هـ - ١٩٨٨م.

١٠٥. محمد زياد حمدان, تقييم المنهج. دار التربية الحديث عمان/١٩٨٦م.
١٠٦. أحمد سليمان عبيدات. القياس والتقويم التربوي. عمان/١٩٨٨م.
١٠٧. د. عبد الله فياض. تاريخ التربية عند الامامية وأسلافهم من الشيعة بين عهدي الصادق والطوسي. الدار المتحدة. بيروت/١٩٨٣م.
١٠٨. القرطبي. الجامع لأحكام القرآن. دار الكتاب العربي للطباعة والنشر القاهرة/١٣٨٧هـ .
١٠٩. د. محسن عبد الحميد. العولمة من المنظور الإسلامي, ندوة العولمة والتربية المجمع العلمي العراقي. بغداد/٢٠٠٢م.
١١٠. حكمه البزاز. عن العولمة والتربية, ندوة العولمة والتربية المجمع العلمي العراقي. بغداد/٢٠٠٢م.
١١١. د. ماهر اسماعيل الجعفري. التربية والعولمة. ندوة العولمة والتربية. المجمع العلمي العراقي. بغداد/٢٠٠٢م.
١١٢. د. عبد الله عويدات. اعداد الطالب لمواجهة القرآن الحادي والعشرين. دراسة منشورة في كتاب "المدرسة الأردنية وتحديات القرن الحادي والعشرين. مؤسسة عبد الحميد شومان. عمان. المؤسسة العربية للدراسات والنشر. بيروت/١٩٩٩م.
١١٣. د. عبد الله الموسوي, "ندوة" العولمة والتربية. المجمع العلمي العراقي. بغداد/٢٠٠٢م.
١١٤. د. أحمد صدقي الدجاني, الدراسات المستقبلية وخصائص المنهج الإسلامي. بحث منشور في مجلة المستقبلية. العدد ٢ دار الفلاح. بيروت/٢٠٠١م.
١١٥. د. نائل قرقز, منهاج المستقبل "بحث غير منشور".
١١٦. خليفة السويدي وخليل يوسف الخليلي. المنهاج مفهومه وتصميمه وتنفيذه ط١ دار القلم. دبي/١٩٩٧م.

١١٧.   عمر التومي الشيباني, فلسفة التربية الإسلامية. الدار العربية للكتاب. طرابلس.

١١٨.   عبد الرحمن حسن حبنكة الميداني, أسس الحضارة الإسلامية ووسائلها دار العربية,
بيروت/١٣٩٠هـ/١٩٧٠م.

١١٩.   شمس الدين محمد بن عبد الرحمن السخاوي, المقاصد الحسنة في بيان كثير من الأحاديث
المشتهرة على الألسنة, صححه وعلق على حواشيه عبد الله محمد الصديق, قدمه وترجمه للمؤلف عبد
الوهاب عبد اللطيف, مكتبة الخانجي, القاهرة/١٩٥٦م.

١٢٠.   عبد اللطيف فؤاد ابراهيم, المناهج أسسها وتنظيماتها وتقويم أثرها مكتبة مصر.
القاهرة/١٩٦٧م.

المصادر الأجنبية:

1. Blain R, Worthen and James R. Sanders, Educational Theory and Practice western Michigan publishing company, INC. Belmont. California.

2. Warr. Wheelem A. K. Curriculum Process (London) University of London Press.

3. Tylor, R. W. General Statement of Evaluation Journal of Education Research.

4. Suchman, E. A. Evaluation Research New York, Russell Sage Foundation.

5. Abu-Rosini-B. Flower, Jim: The Effects of cooperative learning methods on achievement, retention and attitudes of home Economics students in North Carolina, Journal of Vocational Education, 13, (2)p16-22, 1997.

6. Johnson, d. The Relationship between cooperative and injury in science classroom, journal of research Science Teaching 13(1), 55-63. 1976.